# Belek, une chasse dans le Haut-Altaï

L'Europe et Un
collection dirigée par Timour Muhidine

*La Mer verticale*, Zafer Şenocak
*Parenté dangereuse*, Zafer Şenocak
*L'Érottoman*, Zafer Şenocak
*Bradford*, Hanif Kureishi
*Belek, une chasse dans le Haut-Altaï*, Galsan Tschinag
*La Langue des montagnes*, Aysel Özakin
*Cinq pubs, deux bars et une boîte de nuit*, John Williams
*Vert d'eau*, Marisa Madieri
*Étrange matière*, Terézia Mora
*À la cantine*, Ike Eze-anyika
*Cardiff Dead*, John Williams
*Une vie normale*, Reine Arcache Melvin

GALSAN TSCHINAG

# Belek,
# une chasse dans le Haut-Altaï

traduit de l'allemand par Dominique Vuathier

L'Esprit des Péninsules

Cet ouvrage a été publié sur la recommandation de Nicole Bary, à laquelle les éditeurs souhaitent exprimer toute leur gratitude.

Illustration de couverture :
© by Monika Karlstetter


4, rue Trousseau - 75011 Paris
Tel : 01 49 23 97 44 / Fax : 01 49 23 90 55
Diffusion et distribution : Harmonia Mundi

# Une trop longue chasse

Il y a quelque temps arrivait une lettre de mon pays natal. Elle disait :

> *« Fils ! Celui qui t'écrit est un homme qui a porté sur son dos ton père Schynykbaj quand il était bébé. Il fait beau dans ton pays natal. Le printemps est sur le seuil de l'Altaï, la neige fond sur le versant sud des montagnes, les vallées et les cuvettes verdoient, les brebis et les chèvres sont en train de mettre bas, les jeunes bêtes poussent bien, les gens sont en pleine forme, ils ne manquent de rien, ils vont bien. Nous espérons que vous, gens de la capitale, vous nous donnerez d'aussi bonnes nouvelles.*
> *On raconte ici que tu travailles pour un journal et que tu y écris toutes sortes de choses. Aussi, je m'en suis fait lire quelques-unes ! Ça m'a plu d'apprendre comment on vit dans d'autres pays et d'autres* aimaks. *Continue à écrire car ça, c'est une bonne chose. Seulement il faudrait un peu que tu regardes du côté de ton pays natal : ici aussi, il se passe des choses qu'il serait bon de faire connaître ! Ça serait bien pour nous, ça le serait aussi pour ceux qui les entendraient. Tiens, par exemple, il y a*

*cette histoire que je vais te raconter; tu sais, je n'ai pas reçu d'instruction, mais j'ai longuement appris de la vie.*

*L'hiver dernier, Belek, fils d'Ürükej, est mort, tu dois sûrement te souvenir encore de lui. Sa vie a passé, il n'y a rien à en dire de plus. Mais peu de temps avant sa mort, il a tué un loup qui était entré dans l'étable des veaux de la coopérative. Le vieux de 77 ans, un gourdin et une hache dans ses mains, a foncé sur cette bête féroce et l'a assommée après un duel. C'était un mâle au pelage presque aussi noir que le fond des eaux, la dépouille étalée mesurait six pieds et trois mains pour la longueur, trois mains et demie pour la largeur.*

*Je te souhaite beaucoup de succès dans ton travail pour le Parti et pour l'État. Dagwa, fils de Schöödukej.*

*Il y a cinq générations, ta mère Balsyng et moi étions dans le même être humain. Aussi, sache bien que je suis ton* daaj. »

Au dos de l'enveloppe, on lisait: « Nous espérons ce journal et ton article, c'est très important !!! » La phrase était rajoutée d'une autre écriture et entourée d'un gros trait.

Je fouillai dans ma mémoire, je passai en revue toutes mes archives, fis resurgir le passé et enfin, je pus tout resituer.

Dans mon souvenir, Belek était un homme calme et plein d'une grande bonté. Sa yourte était petite et, de même, son troupeau n'était pas bien gros. Il avait un cheval qui était aussi blanc qu'un lièvre des neiges. Pour être aussi blanc, il devait vraiment être très vieux. Je n'ai connu Belek qu'avec ce cheval-là.

L'homme avait un index raide. Cela remontait à une histoire de loup. Je crois qu'il avait été mordu par un loup.

Un des fils de Belek s'appelait Anaj et était dans la classe de mon frère aîné Galkaan ; au printemps, à la fin de l'école primaire, il mourut subitement. On a dit que c'était de peur, à cause de la foudre. Belek avait en plus trois filles et un autre fils. Je connaissais aussi leur nom. La fille aînée Dyrdygasch, mariée avec le lutteur Arwygyr, mourut au cours d'un accouchement, je crois qu'elle n'avait pas encore vingt ans. Parmi les enfants de la cadette Sardychan, un seul avait vécu, qui devait être adulte maintenant. Je ne sais plus quand ni de quoi Sardychan est morte, ce que je sais, c'est qu'il y a longtemps. La benjamine Urtunasyn était restée mariée plus de dix ans, elle n'avait pas eu d'enfant et elle était morte depuis trois ans maintenant. Elle, devait avoir dépassé la trentaine.

Le fils, enfin, Sapkin, vivait toujours et était le chef d'une bonne et grande famille. Il avait un ou deux ans de plus que moi ; enfants, nous avions souvent joué ensemble ; avec des seaux et des pots, nous allions chercher de l'eau au lac Chara-Chöl qui est notre mère et nous nous amusions à noyer des loirs. Une fois que nous n'avions attrapé que des bébés loirs, nous nous sommes fait pincer par les adultes. Chaque petit loir mort nous a valu une gifle et de bonnes larmes. La dernière fois que j'ai rencontré Sapkin, c'était il y a quatre ans à une fête de castrations, là nous avons chanté toute la nuit.

Le vieux Dagwa avait dû se tromper sur l'âge de Belek, il avait en fait un an de plus que ma mère. Par conséquent, il devait être né l'année du cheval rouge (1906) et quand il est mort, il ne devait pas avoir 77, 78 ans, comme le disait la lettre, mais seulement 76.

Voilà tout ce que me disaient mes archives. Mais était-il besoin d'en savoir beaucoup plus pour un petit article de journal à propos d'un vieil homme de 76 ans qui avait tué un loup après un duel!

J'étais bien décidé à m'y mettre et à écrire ce texte dès que j'aurai un peu de répit pour rendre ainsi un modeste hommage au disparu tout autant qu'à mon pays natal. Mais ce répit se fit attendre, il survint enfin à la faveur d'un voyage qui m'amena dans mon pays natal. Il est vrai que là je tombai sur plusieurs rapports concernant Belek. Ma curiosité fut aiguisée, et j'eus envie de connaître le cœur des choses, leur arrière-plan aussi. C'est ainsi que commencèrent mes recherches. En voilà le résultat:

Belek était le fils cadet d'Ürükej de la lignée *Chara-Chöjü*, imposante par le nombre mais non par l'esprit. On le connaissait sous le nom de Bitsche-Belek, c'est-à-dire Belek le Jeune. Car dans notre communauté touva, il y avait dans ces années-là un autre Belek, Ulug-Belek, Belek l'aîné. Celui-ci était le fils de Nogaj, de la lignée *Chaa-Chöjük*. C'était un fin matois, un excellent chasseur, il arriva aussi à un âge avancé et mourut à un moment où les siens ne manquaient de rien. On raconte qu'au moment de sa mort, Dashyyr était à ses côtés, buvant de l'*aragy*, et que de la viande de mouton toute fraîche était en train de cuire. De ses huit enfants, six vivent encore. Et c'est ainsi qu'aujourd'hui dans plus d'une yourte on lui destine en même temps qu'à l'Altaï l'offrande des carrés de nourriture et l'eau que la main jette en pluie.

Les deux Belek paraissaient être nés sous des cieux différents, avoir été conçus selon deux intentions différentes tant ils étaient dissemblables; même physiquement ils étaient tout le contraire l'un de l'autre, autant que peuvent l'être les gens d'une même race.

Peut-être les parents de celui qui naquit vingt bonnes années plus tard choisirent-ils intentionnellement pour leur rejeton le nom de cet homme jeune qui s'était auréolé de gloire dans la modeste communauté touva du tournant de ce siècle. Si tel fut le cas, alors les pauvres parents ont dû bien souvent penser que leur idée avait tourné court. Mais peut-être n'y avait-il eu là aucune intention de leur part, et ceci ne fut-il qu'un tour du hasard.

Quoi qu'il en soit, « Mêmes noms, mêmes oreilles » comme le dit le proverbe, et malgré toutes leurs différences, on avait pris l'habitude de mettre constamment les deux Belek en parallèle — contre leur gré d'ailleurs. On ne parlait jamais de l'un sans mentionner l'autre, et cette habitude sera respectée ici aussi, peut-être pour la dernière fois.

Le plus jeune des deux, le fils d'Ürükej, était de taille moyenne, il était maigre et avait une singulière petite tête ronde avec de minuscules yeux aussi ronds que des billes et des oreilles plus minuscules encore, presque inexistantes. Ses bras étaient en revanche longs et ses mains lourdes comme pour compenser tout ce que la tête avait de trop petit.

Belek s'occupa de moutons durant toute sa vie. Cela commença très tôt, car ses parents étaient de pauvres gens. Son père faisait de-ci de-là le menuisier — pour autant que ce terme convienne pour désigner quelqu'un qui avec son gîte et tout ce qui en dépendait de près ou de loin changeait constamment d'endroit tout en travaillant le bois ; il fabriquait des seaux à lait, des tonneaux pour la distillation, des bassins à viande, des bêches et d'autres choses de cet ordre. Oui, pendant de longues années Ürükej fut bien un menuisier au sein de la communauté touva : en effet à l'automne il devenait sédentaire pour quelques mois, et plusieurs fois il monta alors un galdshyrma à l'endroit où il s'était arrêté avec son foyer, et bâtit ensuite une armature complète de yourte. Pourtant, ce ne fut pas ce métier-là qu'apprit Belek, il n'en eut pas le temps ; il fut placé chez des étrangers pour s'occuper de leur troupeau de moutons. C'était un travailleur sérieux, loyal, qui fut tout de suite apprécié. Il devint un bon berger. Mais il le devint parce qu'on l'avait placé là chez des étrangers, et ce fut aux dépens d'autres choses. C'est ainsi qu'il n'apprit ni à chasser, ni à maîtriser une autre de ces activités essentielles dans la vie d'un Touva.

Bon, ici, nous voilà arrivés au terme de la première tranche de l'histoire.

C'était un jour du début de l'été, pendant l'année du dragon jaune (1928). Le ciel rayonnait de bleu ; c'était un bleu aveuglant, envoûtant, une telle beauté fait vaciller votre mémoire. Car l'hiver avait été long et rude, il avait débordé sur tout le printemps et presque duré jusqu'à l'été. C'est pourquoi on s'expliquait difficilement la bonne humeur du ciel, c'est pourquoi aussi les crêtes moutonneuses qui de temps à autre s'échappaient du bleu étaient comme un rictus sur un joli visage.

On se sentait en revanche pareil à la mère Terre toute proche, on la comprenait, elle qui traînait encore à la ronde sa fatigue hivernale, exhalant des vapeurs, gémissant doucement en son for intérieur, faisant de son mieux pour reprendre des forces.

Un troupeau de moutons broutait dans le haut du versant du Schyrgaj-Dshürek. Les bêtes avaient encore leur toison de l'hiver, elles étaient maigres et la façon dont elles couraient d'un creux de terrain à l'autre et réagissaient avec tapage à tout bruit extérieur montrait bien qu'elles n'avaient pas encore assouvi la faim qui avait commencé à les ronger dès le milieu de l'hiver. Belek, leur gardien, marchait devant elles. Il balançait de droite à gauche son long bâton de marche en bois de bouleau et rappelait à l'ordre le troupeau.

Belek avait passé des milliers et des milliers de jours auprès du troupeau. Il connaissait son humeur et le troupeau, lui, connaissait la sienne. C'était étrange : le troupeau se renouvelait sans cesse tout en restant le même ; Belek était encore un enfant quand il avait commencé à s'en occuper, à présent il était un adulte déjà vieillissant peut-être, mais il avait l'impression qu'il restait lui aussi toujours le même pour le troupeau.

Souvent Belek se sentait l'âme d'un père lorsque, son bâton de marche à la main, il donnait des ordres aux bêtes. Toute sa sévérité était feinte, mais les brebis et les chèvres de son troupeau semblaient prendre pour argent comptant ses appels agacés — souvent moqueurs aussi —, car la plupart du temps elles obéissaient. Et cela le rendait fier. Certes, comme la plupart des pères, il avait bien quelques « enfants » indisciplinés, mais quelle importance puisqu'il était capable de tenir le troupeau !

Pouvait-on dire pour autant que le berger d'un *baj* était satisfait de sa vie ? Sans doute aurait-il répondu oui si on s'était intéressé à son avis. Car il le savait bien, le monde ne se composait pas seulement de *bajs* d'un côté, et d'hommes courageux comme ces « Rouges » dont on parlait tant, de l'autre. Finalement, tout un chacun dans ce pays ne pouvait pas manger à sa faim comme lui qui se servait dans la marmite du *baj*. Tout un chacun ne vivait pas insouciant comme lui dont la vie ne consistait qu'en une chose : s'occuper du troupeau. Et là, il n'y avait absolument rien de pénible pour lui.

Mais il faut croire que ce ne fut pas à son avis que l'on s'intéressa. Dshaniwek et d'autres de sa trempe parlèrent de la Révolution. On ne pouvait plus vivre comme avant. On appela ceux qui parlaient ainsi « les Rouges » et on prit garde à eux.

L'hiver précédent, Saryg Sedip, Sedip le Blond, était venu et il avait lancé un petit document plié en quatre en direction du *baj* Degeldej :

– Tiens, regarde, un ordre qui vient du *sumun* !

Degeldej l'avait ramassé, examiné un moment, puis avait dit :

– Tu sais bien que, tout comme toi, je ne sais pas lire. Alors, dis-moi plutôt, fils de Schyrysch ce qu'il y a là-dedans si tu le sais !

Saryg Sedip s'était mis à crier, tout son corps tremblait :

– Et d'où peux-tu savoir, fils d'Apyshak, que je ne sais pas lire ? Est-ce que tu ne sais peut-être pas encore que nous avons fait la Révolution ? !

Puis, il avait arraché le document des mains du maître des lieux, l'avait décacheté et lu. Belek avait entendu son propre nom, mais n'avait rien compris de plus, car c'était en mongol. À la fin, Saryg Sedip avait demandé en touva :

– Compris ?

Le maître des lieux, assis, réfléchissait, finalement il avait dit :

– Oui. J'ai compris.

Au bout d'un moment, il avait ajouté :

– Si les hautes instances populaires me l'ordonnent, mon humble personne obéira bien sûr. Mais toi, fils de Schyrysch, toi qui dois être maintenant un important fonctionnaire puisque tu as le verbe haut, demande directement à celui que vous appelez “valet” si tout va pour lui aussi mal que vous le dites !

– Comment peux-tu te permettre, fils d’Apyshak de me traiter de fonc… -tio… -nnaire ! Je suis un agent de l’État populaire, un guerrier de la Révolution, compris ? !

Degeldej, tranquille, aspirant son thé à petites gorgées dans son bol argenté, avait eu un petit sourire en coin et avait dit :

– Bon d’accord, donc…, agent de l’État populaire et guerrier de la Révolution ! Demande à notre Belek comment il se sent chez nous, demande-lui s’il manque de quelque chose !

Saryg Sedip dont le travail consistait à remettre des documents aux gens — en fait des ordres —, mais qui lui-même ne disposait d’aucun pouvoir de décision, avait alors voulu répliquer quelque chose, crier à nouveau, mais apparemment il ne lui était rien venu à l’esprit à moins qu’il n’ait pas voulu dire à ce moment-là ce qu’il avait derrière la tête ; toujours est-il qu’il s’était alors tourné vers le valet Belek sur le point de partir pour s’occuper du troupeau :

– Au nom de l’État populaire et de la Révolution, je t’ordonne, camarade Belek, de me dire la vérité ! Réponds sur le champ devant Degeldej, devant tous, n’aie aucune honte, ni crainte : Es-tu exploité ?

Tout en réfléchissant, Belek avait avancé sa main et pris dans le bassin à viande un morceau bien gras dont il avait coupé quelques tranches fines dans son grand bol de bois ; puis réfléchissant toujours, après avoir fait tremper dans le thé du bout de son index le petit tas que formaient les tranches de viande, il avait fini par dire :

– Être exploité, qu'est-ce que ça veut dire ?

– Est-ce que tu es payé pour garder les moutons de Degeldej ? avait expliqué Saryg Sedip.

– Vous devez bien savoir que mon défunt père venait ici tous les mois et repartait avec un agneau ou un chevreau de l'année passée, lui avait répliqué Belek avant d'approcher de sa bouche son bol plein à ras bord.

– Mais ton père est mort depuis longtemps !

– Oui.

– Et depuis lors, qui vient chercher l'agneau ou le chevreau de l'année passée ?

– Personne

– Et les agneaux et les chevreaux de l'année passée, où restent-ils alors ?

– Là-bas, là où ils sont. Avec le troupeau, dehors.

Les yeux de Saryg Sedip s'étaient plissés, on ne voyait plus que deux fentes, et en même temps les muscles de ses joues s'étaient mis à tressaillir, tels des présages funestes. Le maître des lieux s'était alors mêlé à la conversation : « C'est cela » avait-il dit en se redressant sur son siège. « Non seulement, nous ne lui prendrons pas un seul des chevreaux qu'il a gagnés, mais en plus, nous lui arrangerons une yourte, nous lui céderons des bêtes pour qu'il ait son propre troupeau et nous le marierons. Cela se fera à l'automne prochain. Et plus tard quand nous mourrons, nous qui sommes vieux, nous lui laisserons en héritage notre yourte et notre troupeau, car nous n'avons ni enfants, ni parents qui pourraient hériter de nos biens. Ou alors est-ce que cela aussi déplaît à votre État populaire, le fait qu'un pauvre accède à la propriété ? Eh ben ! fils de Schyrysch, tu te tais ? »

Saryg Sedip n'était pas resté longtemps silencieux, il avait traité Degeldej de *koulak* et de menteur. L'échange était devenu de plus en plus violent, mais Belek n'avait pas su comment il s'était terminé car il avait dû partir. Auparavant, il avait quand même dit à Saryg Sedip :

– Vous pouvez chercher des histoires aux gens, autant que vous voulez, mais je crois que ce n'est pas la peine, *aga*. Car, s'il y a quelqu'un qui a le droit et le devoir de s'occuper de mon destin maintenant que mon père Ürükej est mort, c'est mon frère aîné Naemnak !

Par la suite, c'est Belek qui s'était rendu au *sumun*. Il y avait été obligé. Saryg Sedip était revenu et avait à nouveau apporté un document. Ce jour-là, il ne l'avait pas donné à Degeldej, mais à Belek. Celui-ci, comme Degeldej la première fois, l'avait examiné de tous les côtés, gardé un moment dans sa main puis rendu à Saryg Sedip en disant :

– Lisez-le moi, *aga* !

Saryg Sedip le lui avait lu d'une voix forte en scandant les mots et en les rythmant de son poing qui montait et descendait. Belek avait patiemment attendu la traduction. Et il avait alors compris à son tour de quoi il s'agissait. Il devait aller au *sumun*, et de toute urgence, c'était dit ainsi.

– Je ne peux pas, avait-il dit après avoir réfléchi un bref instant.

– Et pourquoi donc ? avait répliqué Saryg Sedip en s'énervant.

– Je ne peux quand même pas abandonner le troupeau en plein hiver, c'est tous les jours, régulièrement qu'il faut s'en occuper.

– C'est un autre qui le fera ! Ne mêle pas le bétail à tout ça, camarade Belek ! Et sachez que vous avez à obéir à l'ordre donné au nom de l'État populaire et de la Révolution mondiale des Rouges ! Sinon, vous serez considéré comme quelqu'un qui pactise avec l'ennemi de classe ! Compris, camarade ? !

Ce jour-là, Belek n'avait pas saisi le sens des derniers mots. Mais comme au *sumun*, on allait aussi lui répéter ce même genre de choses, elles se gravèrent bien vite dans sa mémoire.

Tout d'abord pourtant, Belek avait tenté de se soustraire à cet ordre, mais même Degeldej avait fini par lui dire qu'il fallait y aller.

– Donne un cheval à ton valet ! avait lancé Saryg Sedip au maître des lieux en s'impatientant déjà.

Degeldej lui avait non seulement donné son cheval mais aussi son *ton*. Pour Belek, cela avait été très difficile de revêtir ce *ton* tout neuf orné de grands motifs arrondis, mais il n'osait pas contredire son maître, et encore moins en présence de quelqu'un comme Saryg Sedip.

En chemin, Saryg Sedip lui avait fait la leçon, mais comme c'était forcément le refrain que tenaient la plupart des partisans de la Révolution, il avait éveillé la résistance de Belek, et c'est ainsi que deux pauvres diables de la même vallée ne se comprenaient plus.

Au *sumun* non plus, on n'avait pas pu convaincre le valet du *koulak* qu'il était opprimé et qu'il devait par conséquent s'affranchir de Degeldej. Belek avait parlé du fond du cœur aux *dargas*, il leur avait raconté qu'il ne souffrait ni de la faim ni du froid et aussi que Degeldej lui arrangerait une yourte d'ici à l'automne, puis qu'il lui céderait des bêtes pour qu'il ait son propre troupeau. Il avait failli continuer avec l'histoire du mariage, mais là le courage lui avait un peu manqué, car la fiancée dont lui avaient parlé Degeldej et sa femme lui paraissait toujours beaucoup trop bien pour lui. Et ceux de la Révolution qui entre eux s'appelaient simplement « camarade », mais qui étaient plutôt flattés quand on leur donnait du « *Darga* », s'étaient peu à peu impatientés et l'avaient accusé de pactiser avec l'ennemi de classe. Et à partir de là, il y avait eu un mur entre Belek et les autres.

Tout cela s'était passé en hiver, lorsque le froid faisait rage, que le ciel paraissait vous avoir lâchement abandonné et que tout respirait la mort et la fuite du temps.

Mais à présent c'était l'été, où que l'on regarde, on trouvait la vie tournée vers soi, le front haut, et son doux souffle chaud était capable de donner des ailes, même aux rêves les plus hardis.

Quelques cavaliers surgissant brusquement au bas du troupeau attirèrent son regard et son attention. Certes, ils avaient interrompu le fil de ses pensées, mais ils étaient les bienvenus, car toute rencontre est un événement pour le berger au fin fond de son pâturage et toute parole qui arrive du monde est pour lui d'un prix inestimable. Le berger est un homme seul toute la sainte journée ; le troupeau ne dit mot.

Il y avait quatre hommes dont Buga-Garak, l'homme aux yeux de taureau, un lutteur vieillissant mais toujours redouté, qui semblait être leur chef. Deux des hommes étaient armés de fusils, le troisième d'une carabine et le quatrième, Buga-Garak, portait un râteau à long manche. Belek, appuyé sur son bâton de marche les regardait venir vers lui avec curiosité ; il les salua : « Bonjour, *agalar* ». *Agalar* signifie « frères aînés » : les quatre hommes étaient en effet plus âgés que Belek. Les cavaliers mirent pied à terre après avoir répondu au salut. Les chevaux en sueur et à bout de forces s'ébrouèrent tour à tour tant et si bien que tout ce qui était accroché aux selles vola et s'éparpilla, que de longs cliquètements en cascade et des bruits de ferraille suivirent, et que les quatre hommes durent attendre que le vacarme cesse avant de poursuivre le rituel des salutations. Car celui-ci allait continuer, on sortait à présent les tabatières et les pipes, et le flot des formules échangées s'en trouvait accéléré. Le salut initial n'était pour ainsi dire que l'ouverture, on en était maintenant aux nouvelles personnelles, aux nouvelles des membres de la famille, de ceux de l'*ail*, des gens d'au-delà des troupeaux, c'est-à-dire des alentours, on s'informait aussi de l'état des pacages, du temps et de bien d'autres choses encore. C'était toujours le plus jeune qui posait les questions ; l'aîné, lui, répondait, mais il devait ensuite retourner la même question au plus jeune dont c'était alors le tour de répondre.

On en arriva ainsi au thème des chiens et des oiseaux : étaient-ils calmes ? Poser cette question revenait en fait à parler des loups. Les cavaliers répondirent que oui, que les chiens et les oiseaux étaient calmes et, comme le voulait l'usage, ils retournèrent la question à celui qui l'avait posée ; mais, alors que le valet du *baj* Degeldej donnait moult détails avec beaucoup de déférence, l'un des hommes ne put plus y tenir et l'interrompit en disant à ses compagnons :

– Alors, vous pensez que nous sommes sur le bon chemin !

– Mais oui ! mugit Buga-Garak, qui méritait bien son nom car il avait vraiment tout d'un taureau. On racontait que, enfant, il avait porté un autre nom. Belek, lui, ne l'avait jamais entendu appeler que Buga-Garak, il connaissait ses performances de lutteur et, sans rien en dire, ressentait de la peur à son égard, comme beaucoup d'autres sans doute. Car le lutteur, quoique lourdaud et un peu demeuré, était imprévisible dans son comportement comme dans les mugissements qu'il poussait au lieu de parler à la manière des autres hommes ; c'est ainsi qu'avec lui tout et n'importe quoi était envisageable. « Oui », mugit-il en levant sa grosse patte pour frapper, mais aucun des hommes accroupis tout autour n'étant assez près de lui, il la laissa retomber sur sa cuisse contre le pan de son *ton*. Il y eut un claquement sec qui fit faire un écart à un des chevaux. Le rituel des salutations fut ainsi prématurément interrompu, et c'est alors que la vraie conversation put s'engager.

Les cavaliers parlèrent de tous les endroits où ils avaient été, des gens qu'ils avaient rencontrés et dirent ce qu'ils avaient vu et entendu. Tout en parlant, on continuait à priser et à fumer, et de temps en temps l'un ou l'autre se levait et s'éloignait de quelques pas pour faire ses besoins.

Lorsque les chasseurs eurent fini de raconter en long et en large ce qu'ils avaient fait — jusque-là, ils avaient cherché mais n'avaient encore rien chassé —, ils questionnèrent le berger. Saurait-il quelque chose au sujet d'un loup qui avait été aperçu à diverses reprises au même endroit ? Oui, Belek savait : plusieurs fois par jour, un loup qu'il ne voyait jamais revenir, filait des buissons d'uraalgan. Et il leur raconta cela. Les chasseurs étaient tout oreilles. Buga-Garak, lui, se mit à mugir :

– Tu n'as pas menti, j'espère !

En disant cela, il regardait le berger de toute sa hauteur, ses yeux globuleux remplis de dédain — un vrai regard de taureau.

Belek fut piqué au vif, il dit :

– C'est vrai, aussi vrai que tout homme doit mourir.

Le lutteur qui en cet instant ne se sentait que chasseur, grimaça de tout son visage, visiblement contrarié par l'idée de la mort.

– Eh bien, montre-le nous, alors ! mugit-il à nouveau.

Belek tendit son bras vers les buissons du versant d'en face :

– C'est là. Ce matin encore, je l'ai vu détaler, il venait de la crête et filait en direction de la forêt.

Mais cela n'eut pas l'air de suffire aux chasseurs.

– Tu viens avec nous ! » mugit de plus belle Buga-Garak.

Belek pouvait les accompagner, car ce n'était pas loin, de plus le troupeau était maintenant repu et apaisé. Ainsi le temps pouvait s'écouler plus librement ; pour le cours interrompu de ses pensées, pour ses rêves, il aurait bien assez de temps, même trop. Que l'on mette sa parole en doute le vexait bien un peu ! Mais qu'est-ce que cela signifiait après tout ? Une vexation, ce n'était rien de neuf pour un valet qui ne savait même pas qu'il en était un. Belek partit avec eux.

Ensuite la chose prit bien trop vite un tour foudroyant. Sous des broussailles basses qui formaient un îlot au cœur de grands buissons, ils trouvèrent un terrier dans l'herbe épaisse de l'année précédente. L'emplacement ne se voyait guère, au milieu de petites roches pointues entourées au loin par de plus gros blocs de pierres formant comme un mur. Bon, d'être si facilement tombés sur la tanière tenait pour le moins d'un hasard, mais si cela en fut un, alors toute chance aussi bien que toute malchance est liée à un hasard ainsi que Belek dut forcément le penser des années et des années plus tard, quand il atteignit l'âge mûr, puis quand il commença à vieillir et enfin quand il fut un vieillard.

Car le terrier était bien la tanière d'un loup. Le lutteur fut formel là-dessus : il en avait déjà vu plusieurs. Après avoir mis son nez dans le trou, il renversa sa tête en arrière pour regarder le ciel — à cet instant, sa ressemblance avec un taureau en train de répandre sa semence était effrayante ! —, puis il mugit :

– C'est bien, Belek, tu n'as pas menti, et l'Altaï semble être avec nous !

L'excitation s'empara de tous les chasseurs, les visages s'illuminaient et s'assombrissaient tour à tour, et Belek, lui qui n'était pas chasseur, se retrouvait là au beau milieu, ne sachant que faire ni comment se comporter. Pourtant lui aussi fut bientôt gagné par la contagion et l'effervescence générale. Une sacrée chose que cette chasse !

Mais lorsqu'il fut question de ramper dans la tanière, d'attraper les louveteaux l'un après l'autre par la nuque, de les fourrer dans un *tulup* qu'on ramènerait ensuite à l'extérieur, les chasseurs n'étaient plus d'accord : Qui d'entre eux serait ce courageux ? Ce fut un conflit muet, car aucun n'était partant, mais aucun ne forçait pour autant l'autre à rentrer là-dedans et à y mettre son nez. En revanche, chacun y allait de son commentaire qui montrait bien que maintenant la peur avait supplanté la joie initiale.

Car enfin, que se passerait-il si la louve était là ? Tous avaient cette question sur les lèvres. Oui, que se passerait-il alors ?

Une vieille maxime populaire dit que la louve dans sa tanière ne vous fera rien, même frappée à mort, tant que vous ne toucherez pas à ses petits. Bien sûr, tout le monde a déjà entendu dire cela, mais personne ne l'a directement vérifié, pas plus que personne n'a entendu parler précisément de quelqu'un à qui cela serait arrivé. En d'autres termes : personne ne voulait pénétrer dans cette tanière.

Tous pourtant voulaient la mort des louveteaux et en plus, tous voulaient toucher de leurs mains les jeunes loups qu'ils auraient tués à force de coups, puis les attacher à leur selle, gorgés de sang, encore palpitants, et enfin repartir dans cet équipage.

Ils voulaient voir les louveteaux morts pendus à leur selle de chasseur, ils voulaient sentir leur tête sanglante se balancer contre leurs mollets au rythme du pas du cheval, ils voulaient passer avec ce butin devant les *ails* pour être vus et admirés de tous. Ils voulaient que les cadavres des louveteaux fassent briller plus haut leur gloire de chasseur.

Personne ne voulait pénétrer dans la tanière, mais tous voulaient la mort des loups !

Même si aucun des chasseurs n'y avait fait allusion, l'unique non chasseur du groupe sentait la peur qui s'était installée en chacun et qui maintenant faisait tache d'huile, car elle rejaillissait aussi sur lui. C'est alors qu'il parla :

– La louve n'y est pas.

Il n'aurait pas dû dire cela, car le lutteur Buga-Garak qui en outre était en colère comme tous les costauds se sachant rongés par la peur, se mit à mugir fort méchamment :

– Et d'où peux-tu bien le savoir ?

Belek sentit se raviver la vexation déjà ressentie, pourtant il répondit d'un ton paisible :

– Je le sais bien, *aga*. Puisque je l'ai vu filer, mais pas revenir.

Un autre, un rusé, s'en mêla :

– Eh bien, vas-y, toi, dedans, puisque tu es tellement sûr que le grand loup n'y est pas !

Et tous les autres renchérirent :

– Mais oui, c'est ça, vas-y !

Cela se présentait mal : impossible d'aller contre la volonté unanime de quatre hommes, de quatre chasseurs et chasseurs malchanceux qui plus est. Belek dut s'exécuter.

Bien que petit et de constitution fluette, il paraissait cependant bien trop gros pour des galeries souterraines ; cela lui fut difficile, oui, difficile à en mourir d'avancer dans cette cavité sombre, étouffante d'humidité. Mais il savait qu'il n'avait plus la possibilité de revenir en arrière.

Ceux du dehors n'étaient pas seulement lâches, ils étaient en plus impatients, ils lui donnaient conseil sur conseil pour le voir progresser plus vite ; le temps qu'il fallut au pauvre berger, aussi bête qu'intrépide, pour disparaître dans la cavité sembla aux autres une éternité : d'abord le haut du corps, puis le bas, et enfin le dernier petit bout de semelle de botte. Dans ces moments longs et pénibles, le berger, bouchant la gueule béante du danger, devait leur sembler un héros rayonnant. Mais ils furent par la suite si lâchement unis par la honte que la vérité, excepté ce qui était racontable, ne put percer au dehors. Ce qui était racontable, c'était qu'à un moment, Belek avait fait comprendre qu'on devait le tirer par les pieds ; un des hommes avait alors passé le bras dans la cavité, attrapé la tige d'une des bottes et tiré, mais, malgré tous ses efforts, en vain. Les autres avaient essayé à tour de rôle de faire sortir Belek en tirant sur les bottes, mais aucun n'avait réussi à le faire bouger, pas même de la largeur d'une main.

Alors, après s'être concertés, ils avaient décidé de passer un nœud coulant autour des bottes de Belek et de tirer dessus. Aussitôt dit, aussitôt fait: comme dans le fameux conte russe, les hommes avaient tiré sur la boucle bien serrée en scandant plusieurs fois de suite «un... deux... trois!» et, si dans l'histoire en question une rave géante avait été déracinée, ici c'était Belek qui avait été extrait, en même temps qu'une mauvaise surprise: le louveteau présumé qu'il tenait à la gorge à deux mains était un loup adulte!

Mais auparavant, les quatre hommes étaient tombés pêle-mêle les uns sur les autres: de ses dernières forces, le loup s'était arc-bouté près de la sortie de la galerie et, de leur côté, les hommes au dehors avaient tiré une dernière fois sur la corde et avaient brisé la résistance; la brusque détente dont ils ne pouvaient prévoir la violence les avait précipités les uns sur les autres. C'est ainsi qu'en se relevant, ils avaient découvert le loup qui lui aussi essayait de se redresser, le loup que Belek à plat ventre maintenait à deux mains plaqué au sol.

Et que firent alors les chasseurs? Au lieu de venir vite en aide à leur compagnon aux prises avec la bête féroce, au lieu d'attraper le loup par la nuque ou au moins de courir chercher les fusils posés non loin de là, ils tombèrent à la renverse et, prenant leurs jambes à leur cou, dégringolèrent la pente. C'était à qui dépasserait l'autre pour échapper au danger.

Pendant ce temps, le loup s'arracha des mains de Belek et s'enfuit, comme catapulté.

Belek était assis sur le sol, haletant, tout écorché et couvert de sang, lorsque les chasseurs remontèrent le versant, haletants eux aussi. Serrés les uns contre les autres, muets, ils fixaient le berger d'un air égaré.

Enfin, l'un d'entre eux put parler :

– Il t'a mordu ?

– Je ne sais pas, fut la réponse.

Le loup n'avait pas mordu le berger, l'adage s'était vérifié. Parce qu'il avait été brutalement tiré le long de la galerie étroite hérissée de pierres, ses vêtements avaient été déchirés, sa peau aussi, aux mains et au visage. Le troupeau, lui, était invisible. Le berger se leva et, boitant d'une jambe, partit sans un mot de plus.

Les chasseurs restèrent et capturèrent les louveteaux ; il y en avait six. Mais ce ne fut pas aussi facile qu'il le paraît ici. Le plus mince, le plus frêle se glissa dans la tanière, mais s'il le fit, ce ne fut que sous la menace du poing de Buga-Garak. Pendant qu'il s'éreintait et suait sous terre, les autres au-dehors faisaient le guet, assis, leur fusil chargé à la main et scrutaient toutes les directions. Lorsqu'il ressortit enfin de la tanière avec le *tulup* contenant les louveteaux gémissant et vagissant, tous s'attendaient à ce que la louve sorte des fourrés et s'élance sur eux. Vite ils assommèrent alors les louveteaux et se sauvèrent comme s'ils faisaient la course. Ce n'étaient pas là des chasseurs heureux, mais des voleurs morts de peur. Ils en étaient conscients et cela, ce n'était pas bon.

Tout le monde sait qu'au moment des portées on ne peut rien reprocher aux loups qui épargnent les proches environs de leur tanière ; mais dès qu'il arrive quelque chose par la faute des hommes — surtout si c'est à leurs petits —, ils deviennent agressifs et sanguinaires jusqu'à la folie. C'est pourquoi, avant de pénétrer dans la tanière d'un loup pour capturer les louveteaux, il faut toujours commencer par tuer les grands loups. Ce principe simple, ce b a ba de l'art de la chasse avait été souillé par une bande de voyous qu'unissait la règle universelle du «Qui se ressemble s'assemble»; des voyous qui se prenaient pour des chasseurs parce qu'ils avaient des armes et qu'ils avaient tué quelques louveteaux sans défense, arrachés à leur mère contrainte de fuir. C'est pourquoi on pouvait bien s'attendre à ce que la nature s'incarnant en un couple de loups se vengeât sur les hommes de cette violation de l'ordre des choses.

Et c'est ce qui arriva. Dès la nuit qui suivit, les loups s'en prirent aux parcs à bestiaux de trois *ails* et plus de quarante bêtes furent mises en pièces. Le parc de l'*ail* de Degeldej fut le plus sévèrement ravagé: neuf moutons morts et quatorze blessés. Bien que l'*ail* regroupât quatre yourtes, les trois quarts des bêtes touchées appartenaient au seul Degeldej.

Il régnait une grande excitation dans les enclos, les hommes étaient presque autant effrayés que les moutons et les chèvres encore en proie à la peur qui dansait comme une flamme dans leurs yeux. Les hommes, eux, poussaient gémissements et vociférations, se répandaient en jurons et imprécations, mais aussi en prières et implorations. Rassemblés en cercle, ils essayaient de comprendre pourquoi «les chiens du ciel» s'étaient montrés d'un seul coup si impitoyables.

C'est à ce moment-là qu'un cavalier arriva au galop de l'*ail* voisin, à la pointe d'un sillon de poussière blanche; l'homme paraissait flotter au-dessus de sa selle, les pans de son *lawschak* étaient dressés dans le vent, raides comme deux ailes; au-dessus de lui, dans sa main fendant l'air, chatoyait et scintillait tantôt en cercle, tantôt en flèche, un fouet. Arrivé à la hauteur des gens, le cavalier voulut immobiliser son cheval, mais celui-ci ne put s'arrêter qu'après avoir décrit un grand cercle autour de la clôture du parc à bestiaux qui se profilait, brunâtre, derrière le rideau de poussière. Cela affola encore plus les bêtes déjà épouvantées, quant aux hommes, ils pressentirent aussi l'imminence d'une autre horreur. Elle ne se fit pas beaucoup attendre, car le cavalier — c'était Dambi, le jeune frère de Dagwa, celui qui m'avait fait écrire la lettre —, le fouet levé, l'air égaré, se mit à chercher quelqu'un de bien précis parmi les gens rassemblés ; lorsque ses yeux tombèrent sur Belek, la main qui tenait le fouet de cuir se leva, rapide comme l'éclair, si bien que le cheval écumant, repris par l'envie de partir au galop, bondit en avant. À un claquement sec du fouet succéda une clameur de toute l'assistance. Le cavalier devenu fou et son cheval qui l'était tout autant s'étaient déjà éloignés de deux longueurs de longe quand la clameur retomba. Mais déjà cheval et cavalier revenaient cerner la victime de près en dessinant un arc de cercle autour d'elle.

La victime — c'était Belek — avait crié aussi lorsque le coup avait mordu sur sa tête rasée ; il lui avait semblé recevoir la foudre du ciel et sa lame de feu en plein crâne ; maintenant il se tenait là, les bras autour de la tête, gémissant doucement, vacillant sur ses jambes, et il avait fermé ses yeux en les plissant si fort que son visage, avec sa peau crispée, évoquait un masque grimaçant. Mais cette fois, les gens devancèrent le cavalier fou et entourèrent à temps la victime, ils faisaient de grands gestes ou lançaient en l'air tout ce qu'ils trouvaient si bien que le cheval effrayé reculait en arc de cercle, faisant des bonds de chaque côté de la foule. Cela sembla ramener un peu le cavalier à la raison. C'est alors que Degeldej, le grand chef de l'*ail*, plein de sa belle assurance, se détacha de la foule et marcha droit sur Dambi avec affectation — probablement pour attraper le cheval par les rênes, mais il n'y parvint pas. Degeldej s'arrêta et, de ses bras levés, rappela le cavalier qui s'éloignait :

– Es-tu un fonctionnaire chinois, un brigand kazakh, toi, le fils de Schöödükej, pour t'en prendre ainsi à mon *ail*, nous effrayer tous et frapper à mort mon berger ? Dis-moi pourquoi tu as fait cela ou alors, avant que le jaune du soleil n'atteigne dans le ciel les montagnes enneigées de l'Ouest, je te fais ligoter et livrer au *sumun* !

Dambi écouta, puis il mit aussi pied à terre, s'approcha et parla d'une voix forte où vibrait la passion :

– Oui, Degeldej-*aga*, tu peux me traiter de chien ! Et vous, frères et sœurs, vous pouvez me traiter de fou furieux, car c'est vrai, je suis coupable de ne pas vous avoir salués. Mais que vous preniez sous votre protection le fils de chien qui est là — à ces mots, il désignait Belek de son fouet — ne vient, je pense, que de votre ignorance. Quand je vous dirai pourquoi je l'ai frappé, vous allez vite comprendre que ce n'était pas en mon seul nom, que c'était pour vous aussi. Oui, je vois bien le drame ici aussi : de votre bétail, du plus sacré de vos biens, il ne reste que cadavres déchiquetés étalés alentour, et voilà la raison de ma colère. Car on a suscité la fureur des « chiens du ciel », on a pénétré dans leur tanière, on leur a volé leurs petits !

Un murmure général monta de l'assistance : « C'était donc la raison ! ? » « Et ce fils de chien, là ! — à nouveau Dambi fendait l'air de son fouet, en direction de Belek — est à l'origine de toute cette merde ! »

Une sourde exclamation d'étonnement jaillit des lèvres de ceux qui écoutaient. Puis, ils tournèrent leurs yeux incrédules où perçait déjà une haine naissante vers le valet encore hébété sous le coup de la douleur infligée par le fouet.

« Qu... oi ! » cria Degeldej en brandissant ses deux poings serrés au-dessus de sa tête. Puis, il se précipita à une allure incroyable pour son âge et son poids vers Belek, l'attrapa derrière par les épaules, lui fit faire volte-face d'une bonne secousse et se remit à crier plus fort encore et d'un ton plus menaçant, tout en roulant aussi des yeux :

– Qu'est-ce qu'il s'est passé, parle tout de suite, misérable !

C'était étrange maintenant de voir la rapidité avec laquelle Belek s'affranchissait de la souffrance qui l'avait terrassé : ses bras qui entouraient encore sa tête retombèrent comme dénoués, et en même temps ses jambes fléchirent ; à genoux, il confessa ce qui s'était passé et termina en disant :

– Mais pour les louveteaux je ne sais rien, puisqu'après tout ça je suis parti, je me suis remis à garder le troupeau et je n'ai plus rien vu, non, je n'ai rien vu d'autre. C'est vrai, je ne sais rien, cher Degeldej, cher Degeldej-*aga* !

– Mais c'est toi qui as montré la tanière à ces misérables, c'est toi qui t'es glissé dedans, qui as traîné au dehors le grand loup et qui l'as chassé de chez lui de sorte que les autres ont pu alors voler les louveteaux !

– Mais j'ai été forcé de faire tout ça !

– Et tout au début, ils t'ont forcé aussi à leur débiter cette histoire de loups et de tanière ?!

Belek marqua un temps d'arrêt, baissa les yeux et soupira profondément. On voyait que le fouet de Dambi s'était bien nettement décalqué sur sa tête rasée : la longue et large bosselure ressemblait à un serpent en train de ficeler son crâne.

– Pourquoi tu ne dis rien ? Eh bien, chien ! insista Degeldej pour obtenir une réponse.

La petite pointe rose de la langue de Belek sortit de sa bouche et alla lécher ses lèvres gercées par les intempéries, puis il dit d'une voix enrouée et tremblante :

– Ça m'est venu aux lèvres parce que les chasseurs m'avaient raconté beaucoup de choses, et alors moi aussi j'ai voulu faire pareil, mais sans doute que je n'avais rien d'autre à dire, à part ça.

Une gifle retentissante suivit cet aveu foncièrement sincère. Belek tomba à terre. Degeldej, debout, attendait en respirant bruyamment, les doigts écartés, noir de colère. Le valet se releva rapidement, il était sot. Le second coup partit, un coup de poing cette fois.

Au cours de la nuit qui suivit, ce fut encore pire. Bien qu'il y eût pour repousser l'assaut des loups tous les hommes de l'*ail*, postés autour du parc à bestiaux à égale distance les uns des autres, qui muni d'un fusil, qui d'une bêche, ce ne fut pas suffisant. Les loups revinrent quatre fois et, à la fin, ce fut une sorte de mêlée entre les hommes et les chiens d'un côté, les loups de l'autre. Au quatrième assaut, peu de temps avant l'aube, Degeldej, lui justement, se retrouva face à un loup. Le *baj* était seul à cet instant-là, vers le bas de l'enclos qui, avec ses seize rangées de *chöne* où étaient retenus les agneaux et les chevreaux, formait un pâle carré scintillant, un peu comme une couverture de feutre étalée ; le soir venu, on avait déployé toutes les *chöne* et fait entrer les jeunes bêtes à l'intérieur des rangées afin que le troupeau fasse corps comme disent les bergers : si les *chöne* formaient un îlot solide, un noyau solide au milieu de l'enclos, le troupeau — dans le cas où les loups viendraient — ne pourrait pas s'enfuir aussi facilement que d'un endroit simplement clôturé.

C'est d'en bas que Degeldej découvrit cette silhouette, près des *chöne* du haut de l'enclos qui paraissait onduler et écumer, qui menaçait de craquer et d'exploser, c'est d'en bas qu'il découvrit le « chien du ciel » : il fonçait tout droit sur les *chöne*, semblable à un sac à moitié bourré qui brinquebalerait. Degeldej le vit, sut que c'était bien lui, mais ne put se décider à s'élancer et à lever sur la bête l'énorme billot en bois de bouleau à lourde et grosse tête dont il était armé. Il en était incapable, pourtant il ne pouvait pas non plus abandonner lâchement le jeune bétail sans défense et s'éclipser. Alors il resta là et essaya de crier, d'appeler les autres, mais pas un son ne sortit de sa gorge. Étrangement, durant toute la nuit, dans l'instant d'avant même, il avait poussé des cris tonitruants, oui, c'est tel un chef militaire sur un champ de bataille qu'il avait donné des ordres aux gens de l'*ail* — et à présent, la voix lui manquait, au moment où l'ennemi était devant lui, non seulement était là, mais en plus faisait un carnage !

Le loup paraissait se rouler sur les *chöne*, sur les agneaux qui se cabraient, acculés, en faisant entendre un concert de hurlements, les derniers dont ils avaient la force dans ces minutes qui précédaient la mort. Cela n'avait duré que quelques petits instants, ensuite le loup disparut. Alors, Degeldej courut à l'endroit du désastre, à présent il le pouvait. Et lorsqu'il y arriva, un cri d'effroi sortit de sa poitrine — maintenant sa voix était revenue — toute une rangée de bêtes gisaient sans vie ! Le chef de l'*ail* rameuta les hommes, mais il fallut un certain temps pour les rassembler tous, car le combat faisait encore rage. Et quand en arrivant, ils voyaient ce qui s'était passé, saisis par tant d'horreur, ils gémissaient comme brûlés vifs.

De toute une rangée, il ne restait plus que trois agneaux sains et saufs, vingt-quatre étaient déjà morts ou agonisaient dans la souffrance, quatre avaient eu la queue sectionnée dans sa partie graisseuse, et c'était tout ce que le loup avait vraiment dévoré. Lorsque le jour vint, on rassembla toutes les bêtes qui avaient souffert, on sépara pour un temps encore celles qui étaient déjà mortes de celles en train de crever. Puis, on les compta : il y en avait environ soixante ! Les femmes et les enfants, debout devant ce carnage et ces flaques rouges, rivalisaient de désespoir, quant aux hommes, ils n'avaient la force ni de les réconforter ni de gronder pour les faire taire. Chacun dans l'*ail* était sous le coup du deuil et de la fureur. On apprit au cours de la matinée qu'il s'était passé la même chose dans les *ails* voisins, cela ne réconforta personne pour autant. Comme toujours après un malheur, on se sentait trompé par la vie. Et d'un seul coup, tout l'édifice de l'existence était autre.

On cherchait en silence la cause profonde, la raison, on cherchait un coupable, et lui, on l'avait. C'était Belek. On le lui fit savoir, chacun s'y prit à sa manière. Si la grand-mère Schajnak passa devant lui sans un mot au lieu de l'inviter doucement comme chaque matin à venir prendre le thé chez elle, Degeldej, lui, le premier personnage de l'*ail* et, aux yeux de Belek, du monde, l'attrapa à la gorge et cria si fort que tous purent entendre :

– Tu as fait là un énorme merdier, et maintenant nous y sommes tous trempés jusqu'au cou, fils d'Ürükej ! Alors, écoute-moi bien, misérable : trouve la piste des loups et tues-en au moins un pour nous venger de ce qui s'est passé, ou alors va te tapir à nouveau dans leur tanière, va y crever comme une bête, va y pourrir ! Tu reviens avec un loup mort ou alors jamais plus !

Belek partit sur son cheval et galopa une heure. Il avait emprunté le fusil qu'il portait à la tante Schajnak. L'arme avait appartenu à son mari, mort depuis longtemps déjà. Mais comme cette femme avait un fils — il s'appelait Sambysch et, à l'époque des faits, il avait 12 ans —, non seulement elle n'avait pas voulu donner cette arme, mais elle l'avait toujours emportée avec elle au cours de ses pérégrinations avec le peu de biens qu'elle possédait. Quand Belek avait compris qu'il ne lui restait plus d'autre issue que de partir à la chasse au loup, il avait fini par se ressaisir et était allé trouver cette femme.

– Tante, prêtez-moi le fusil de votre fils le temps qu'il faudra pour que je tue un loup !

La femme qui connaissait la mise en garde de Degeldej lui avait donné le fusil et tout ce qui allait avec en lui disant :

– Prends-le, mais tu dois me le ramener intact, fils d'Ürükej !

Le cheval qui le portait lui appartenait, il était le fruit de son travail, en fait de la vie qu'il avait eue jusque-là. À l'âge de 13 ans, il avait commencé à garder le troupeau de moutons de Degeldej, à présent il avait 23 ans. Lorsqu'il était venu chercher l'enfant à la yourte des parents, le *baj* avait décidé avec Ürükej que le salaire ferme serait payé par un agneau pour les mois d'hiver et de printemps, et par un chevreau pour les mois d'été et d'automne si son fils s'occupait bien du troupeau. Cet accord avait été respecté du vivant d'Ürükej, car le père venait tous les mois prendre la bête que son fils avait élevée. En même temps, il amenait des vêtements à Belek, mais ce qui était bien plus important pour l'enfant qui les premiers mois et les premières années avait un énorme mal du pays, c'étaient les nouvelles que son père apportait, de leur propre *ail*, de la maison, de la mère et des frères et sœurs. Le père, Ürükej, était mort voici sept ans, et la mère l'avait suivi peu de temps après. Belek n'avait revu aucun des deux, il n'avait rien su de leur maladie ; un beau jour, on avait dit qu'ils étaient morts. Après la disparition de ses parents, on n'avait plus pris autant à la lettre le paiement du salaire qui avait été ferme autrefois.

– Pourquoi prendre tous les mois un agneau ou un chevreau à ce troupeau et aller le porter dans un autre, à un endroit où tes parents ne sont plus ? Laisse-les donc ici, et tu les récupéreras plus tard quand tu auras ta propre yourte, lui avait dit Degeldej quand un jour, lui, Belek, avait voulu faire venir son frère aîné Naemnak pour le règlement des salaires de plusieurs mois. Et c'est ainsi que le *baj* avait cessé de payer à son berger le salaire convenu, en compensation il lui donnait des vêtements. Les deux parties y trouvaient leur compte : à mesure qu'il grandissait, Belek recevait les vêtements usés de Degeldej — toujours bien assez convenables pour le berger, mais déjà immettables pour cet homme riche soucieux de son apparence, et de surcroît sans enfants ; les vêtements lui permettaient d'économiser sur le bétail vivant.

L'histoire des documents du *sumun* apportés par Saryg Sedip l'hiver précédent avait rapproché le *baj* de son berger. Plusieurs fois, le soir, Degeldej s'était fait raconter comment au chef-lieu de *sumum* Belek s'en était tiré face aux Rouges, et lorsque le berger lui redisait encore ce qu'il avait répondu à leurs tentatives de mise au clair, Degeldej s'écroulait de rire, puis, en reprenant sa respiration :

– Ah ! Belek, tu es un sacré gaillard, tu vaux de l'or !

Et c'est pendant l'une de ces joyeuses soirées que Belek avait eu son cheval, un cheval pommelé bleu argent de cinq ans. Qu'il avait été content, le pauvre garçon, ce jour-là ! La nuit qui avait suivi, il n'était pas allé dormir : il regardait dans les yeux le bel étalon bleu argent et chuchotait en soufflant comme lui ce qui se traduirait dans le langage humain : « Tu es mon cavalier et je suis ton coursier ! »

Mais ce n'était pas tout : les allusions et les promesses faites par Degeldej et sa femme grandissaient dans l'imaginaire de Belek en un château de rêves : une yourte bien à lui, un petit troupeau à côté et une femme dans son foyer. L'armature de la yourte était déjà commandée, lui avait-on dit. Pour ce qui était du feutre, les Degeldej en avaient des quantités, les femmes de l'*ail* sauraient bien le tailler à la bonne mesure en une seule journée, le coudre quand il le faudrait, et il aurait sa yourte. Il ne savait pas combien de bétail les Degeldej lui céderaient, mais même avec cinq brebis et dix chèvres, il serait pleinement satisfait, car il savait qu'en matière d'élevage il n'avait rien à envier à personne ; quelques années suffiraient pour en faire un véritable troupeau. Chaque fois qu'il pensait à cette femme qui allumerait le feu dans l'âtre de sa yourte et qui trairait le troupeau, le souffle lui manquait, car Bumbaj, que Degeldej et sa femme lui destinaient, était jolie comme un cœur, et de lui-même, il n'aurait jamais osé la regarder en face. Elle était apparentée à la première femme de Degeldej, morte depuis des années, et, en tant qu'aînée, elle avait eu à s'occuper de ses frères et sœurs orphelins. Si quelqu'un comme Degeldej lui disait qu'il voulait la voir mariée à ce fils dont il avait la charge, elle dirait vraisemblablement oui.

Peut-être n'y avait-il donc effectivement eu aucune raison de vouloir changer le cours des choses jusqu'ici et encore moins de motifs de voir la vie en noir ? Ah ! Si seulement ce malheur ne s'était pas glissé au beau milieu !

Le présent maintenant, c'était que Belek, armé d'un fusil, galopait sur son cheval à ce qu'on aurait dû appeler la chasse au loup, mais qu'il ne savait ni comment on s'y prend pour repérer un loup ni comment on le tue. En fait, il n'avait jamais tué d'animal à part quelques souris, quelques loirs qu'il avait pu assommer sans en avoir d'ailleurs bien l'intention, et puis évidemment les moutons et les chèvres qu'il avait abattus. Il n'avait non plus jamais tiré avec un fusil. Et tout cela ne concourait qu'à une chose, à une entreprise insensée. Il le savait. Pourtant, il n'avait pas le choix, il devait faire ce qu'on lui avait ordonné, il devait essayer coûte que coûte de tuer un loup.

Il lui en fallut du temps avant d'envisager quels hasards heureux pourraient croiser son chemin ! Peut-être trouverait-il une bête en train de crever quelque part, déjà blessée par une balle des autres chasseurs qui devaient certainement être tous en ce moment sur la piste des loups.

Peut-être tomberait-il à nouveau sur la tanière d'un loup. Si c'était le cas, il y ramperait à nouveau. Peut-être le grand loup serait-il à nouveau dedans, alors il essaierait de toute façon d'en finir avec lui. Cette dernière possibilité lui parut soudain très vraisemblable, probablement parce qu'il s'était déjà glissé une fois dans une tanière et qu'il avait tenu entre ses mains un grand loup bien vivant.

Cette première tanière, source de tous ses malheurs lui revint alors à l'esprit. Et si le loup qui lui avait échappé l'autre jour y était revenu depuis? Belek décida de tenter sa chance.

Il lança son cheval à fond de train, droit devant, tel celui qui a un but et, au milieu du gris et du néant des moments qu'il vivait, ce fut un instant lumineux. Arrivé devant la tanière du loup, il se défit du fusil qui l'encombrait, mit les cordes d'entrave à son cheval et l'attacha par le licol à un arbuste d'uraalgan pour l'empêcher de se sauver au cas où il sortirait à nouveau en tenant le loup à deux mains. Ensuite il prit dans l'étui accroché à sa ceinture son couteau à manche de corne qui faisait vingt centimètres et s'avança ainsi. Pour parer à toute éventualité, pensait-il.

À la grande déception de Belek, le loup n'était pas là. Nous, nous savons que ce fut pour lui une grande chance.

Ramper à l'intérieur fut à nouveau difficile, en ressortir le fut encore plus. Pour un peu, il serait resté coincé dedans. Revenu à l'air libre, il réfléchit un peu avant de reprendre son cheval et de s'enfoncer dans les fourrés qui ne menaient qu'à la grande forêt du Schyrgaj-Dshürek où il faisait sombre même en plein midi. Et là, dans la fraîche pénombre, il erra toute la journée, sans but, sans espoir. Lorsque le soir arriva, il quitta la forêt et se mit en quête d'une yourte où il pourrait dormir. Il la trouva et c'est là qu'il passa la nuit. C'était la yourte d'un vieux couple; avec l'âge, l'homme était pratiquement devenu aveugle. Mais dans sa jeunesse, il avait été un personnage extraordinaire: il avait été lutteur, forgeron, chasseur, et voleur aussi, mais un voleur dans la grande tradition. Il était allé plusieurs fois dans d'Altaï chinois, mais aussi dans l'Altaï russe. Et cet homme énumérait et décrivait pour Belek les choses les plus simples qu'un chasseur doit connaître. Il montra à Belek comment manier le fusil. Il lui donna aussi des conseils, par exemple pour le chemin qui le conduirait aux loups, il lui expliqua dans l'ordre les choses à faire pour tuer un loup.

Mais en se mettant en route le lendemain matin, Belek fut bien forcé de s'avouer qu'il n'avait compris que fort peu de tout ce que le vieux lui avait raconté, si ce n'est que parfois on pouvait avoir aussi de la chance avec un appât. La tactique supposait beaucoup d'habileté et beaucoup de patience. Cela, le vieux l'avait exprimé à sa façon : « Mais dans ce cas, tu dois te cacher comme un diable. Un diable, tu dois en être un, plutôt plus que moins, car tu dois devenir la pierre de la pierre, l'herbe de la prairie, le bois de l'arbre, tu dois te fondre dans ce qui te sert de cache. La pierre, l'herbe, le bois ou n'importe quelle autre chose encore que tu seras doit rester à sa place et rester telle qu'elle est. La pierre, l'herbe ou le bois ne tousse pas, n'éternue pas, ne fait pas ses besoins. Mais ne t'en va pas croire pour autant qu'il te sera permis de faire le mort pendant un jour ou deux, non, absolument pas : qu'il soit pierre, herbe, bois ou n'importe quoi d'autre, le diable doit toujours avoir le loup en joue, car celui-ci peut à tout instant bondir, dévorer l'appât en un clin d'œil et disparaître à nouveau ! »

Belek erra encore toute une journée dans la pierraille du Mugur-Bashy. Il ne vit aucun loup, ne découvrit la trace d'aucun, et il n'avait toujours aucun espoir quant à l'issue de sa chasse. En revanche, la solution de l'appât se dessinait de plus en plus nettement dans son esprit. Alors que les premières étoiles se montraient, il revint à la yourte des deux vieux. Le vieux écouta ce que Belek lui racontait en haussant les sourcils d'un air agacé, en hochant la tête et en répétant d'un ton réprobateur :

– Quand même ! Mais je t'avais tout dit !

À un moment où il lui refaisait encore ce même reproche, Belek lui dit :

– Oui, *Eshej*, vous m'avez tout dit. Mais dans ma tête je n'ai pas retenu grand-chose. Dans ma tête qui est si lourde. Sauf une chose que j'ai bien comprise. C'est le coup de l'appât. Alors, je vous en prie, *Eshej*, je vous en prie, *Enej*, donnez-moi un chevreau ou un petit agneau. Revenir en chercher un à la maison, non, j'ai trop peur !

Le vieux lui donna le chevreau, mais aussi toutes sortes de trucs relatifs à cette technique de chasse. Belek se mit en route, assez confiant. Il avait un but, le vieux lui avait décrit un endroit sur le versant escarpé qui surplombait la vallée centrale des Üsch-Chadyr. Belek essayait de tout faire comme cela le lui avait été dit : il attacha le chevreau par l'extrémité de la patte avant droite à un arbuste d'uraalgan et mit son cheval en lieu sûr, en face, assez haut sur la pente gauche de l'autre vallée ; là, il l'attacha à un piquet par ses deux jambes de devant après lui avoir ôté la selle et la bride et lui avoir séché le dos en le frottant avec de l'herbe. Puis, il revint vers le chevreau en faisant un détour, s'approcha discrètement et s'installa dans sa cache. C'était un petit rocher qui avait été creusé en dessous par le bétail à la recherche de terre salée et autour duquel poussaient de basses broussailles. À travers celles-ci, il pouvait, en position couchée, observer le chevreau qui, à 50 ou 60 pas en contrebas de la cache, ne se doutait de rien et pour l'heure lançait au loin bêlements sur bêlements. Belek avait suffisamment de temps pour s'entraîner à viser. Dans un premier temps, l'œil avec lequel il visait pleurait dès qu'il fermait l'autre et essayait d'apercevoir le chevreau par la fente. Lorsqu'il maîtrisa à peu près la technique, les difficultés commencèrent avec le guidon qui était si petit que dans sa précipitation il lui arrivait de ne pas le voir du tout. Et enfin, il y avait aussi les battements de son cœur qui, tels des coups de poing, ébranlaient son corps. Dès qu'il visait le chevreau ou une cible précise alentour et que de son index il touchait la gâchette, il sentait monter en lui l'excitation. Mais, plus le temps passait, plus son cœur se calmait, peut-être aussi s'était-il fatigué en battant si fort !

À quoi bon vouloir décrire le calvaire de l'homme condamné à rester allongé sans bouger ? Ce fut audelà de l'imaginable.

Comme le soleil avait fini tout de même par décliner, l'œil du berger ne pouvait plus distinguer le chevreau. Belek s'autorisa à se lever. Ses membres étaient raides tout comme ses reins, son dos et son cou, son visage aussi était engourdi et il ne sentait plus son corps. Il n'en retrouva d'ailleurs la sensation qu'au bout d'un long moment. L'obscurité arriva rapidement. Le chevreau accueillit l'homme avec des bêlements qui étaient comme des cris, comme des lamentations d'allégresse. Belek passa la nuit près de son cheval. La selle lui servit d'oreiller, la couverture de selle fut son lit. Il se coucha dessus en boule comme le font les chiens et ne dormit que d'un œil. Le chevreau était allongé près de lui, Belek le réchauffait et, en retour, recevait sa chaleur. Le chevreau dormit profondément, pourtant son sommeil fut constamment entrecoupé de soupirs, c'était comme chez un enfant qui, même endormi, ne peut complètement oublier les tracas de la journée. Mais peut-être aussi était-ce l'instinct animal qui lui faisait pressentir ce qui devait se passer le lendemain.

Belek eut un sommeil léger, il avait froid dans son mince *lawschak*. Le cheval ne broutait pas l'herbe, droit et immobile, il paraissait dormir ; pourtant il savait toujours quand son maître étirait ses jambes pour en chasser l'engourdissement et quand il les ramenait vers lui. En guise de réponse, il s'ébrouait doucement.

Belek commença la journée de guet de très bonne heure. La toison blanche du chevreau scintillait devant les broussailles sombres comme une tache de lumière étouffée, comme la tache d'un jour prématuré. Ses bêlements solitaires paraissaient encore plus forts à cette heure charnière entre lumière et ténèbres, froid et chaleur, sommeil et éveil, ils étaient encore plus pitoyables. En entendant les lamentations du jeune animal, Belek se faisait l'effet d'être un sans-cœur, un criminel.

La clarté eut le dessus, le soleil monta dans le ciel et la chaleur descendit des hauteurs, tel un flot qui ne connaît ni baisse ni répit. Pour le berger transi jusqu'à la moelle, elle était la bienvenue comme probablement aussi pour tout ce qui était vivant sous ce coin de ciel. Elle dénouait son corps engourdi par le froid de la nuit, qui tel un flot ne connaissait lui non plus ni baisse ni répit. Vers midi, la chaleur vira à la canicule, elle pesait lourdement sur la terre et ses habitants comme une couverture invisible et fatale. Les paupières de Belek, toujours allongé, se faisaient de plus en plus lourdes, il sentait qu'il s'assoupissait. Cette idée le terrifia. Il lui semblait que le vieux l'observait depuis une cachette, qu'il le regardait avec colère de son œil aveugle. Dans sa tête, il entendait sa voix qui le rappelait à l'ordre : « Reste éveillé, tu es une pierre ! »

Malgré cette peur, l'homme affamé qui souffrait le martyre fut écrasé par la forte chaleur de l'après-midi : il s'endormit. Il se réveilla en sursaut. Le soleil était juste au-dessus des sommets de l'Ouest, une brise s'était levée. Le monde s'était comme effacé, le chevreau ne bêlait plus. Il avait beau frotter ses yeux tout ensommeillés et regarder au bon endroit, il ne le voyait pas. Après avoir tout bien scruté et longuement réfléchi, il décida de se mettre debout. En se redressant sur les genoux, il lui sembla apercevoir quelque chose de brillant là où il avait laissé le chevreau. Alors il se leva et courut vers cette tache en titubant : ce qui brillait là, c'était la panse. Elle était intacte, grande, elle paraissait trop grande pour être celle du minuscule chevreau. Pourtant, c'était bien la sienne puisqu'un peu plus loin sous l'arbuste, il y avait des restes de peau et d'os. Ils étaient tout chauds, les mouches étaient à l'œuvre.

Bien que dévoré par la peur, Belek dut retourner à la yourte des deux vieux, car il continuait à croire que le danger encouru y était moins grand que chez Degeldej.

– *Eshej, Enej* ! cria-t-il d'une voix tremblante, à peine eut-il mis un pied dans la yourte. Vous pouvez me frapper et me tuer si vous voulez ! J'ai perdu le chevreau !

Puis, il ajouta très vite avant que ne se déchaîne la colère des vieux qu'il pressentait déjà :

– *Eshej, Enej*, je vous le remplacerai avec un de l'année dernière !

Là-dessus, il tomba à genoux avant même d'être arrivé au milieu de la minuscule yourte, il se courbait, prêt à subir tous les coups, toutes les invectives. Certes, le vieux le traita d'imbécile, de fils de chien et la vieille disait que tous les ancêtres de Belek étaient des ratés et que lui, le fils d'Ürükej, était leur portrait tout craché de même qu'une merde ressemble toujours à celui qui l'a pondue. Mais il ne le frappèrent pas. En revanche ils le pressèrent de questions, l'interrogèrent comme s'il était un criminel, et lorsqu'il leur avoua qu'il s'était endormi, ils le traitèrent en chœur de misérable, de pauvre type qui n'arriverait jamais à rien de toute sa vie. Belek resta muet, tête baissée sous les invectives et les insultes. De temps à autre, la petite pointe blanche de sa langue sortait de sa bouche et allait lécher avec application ses lèvres noircies par le malt, toutes fendillées, qui saignaient en permanence.

Ce tableau du malheur accompli dut au bout d'un moment retourner le cœur plein de colère de la vieille mère touva : elle lui donna à manger et à boire. Ce qui en cet instant était pour Belek plus important que tout au monde, même qu'un loup mort. Le vieux aussi lâcha prise. Le couple n'eut rien contre en voyant que Belek s'installait pour passer la nuit chez eux.

Pendant la nuit, alors que tous les trois étaient couchés et que mourait la lueur blême de la lampe à huile, le vieux demanda :

– Fils, est-ce que ce n'est pas mieux de retourner là-bas et de leur dire qu'il est impossible d'avoir les loups ?

– Non, *Eshej*, répondit Belek apeuré, sans loup, je ne peux pas rentrer. Degeldej-*aga* tiendra parole et me tuera. Il faut que j'aie le loup, sinon j'aime mieux me jeter à l'eau !

Au matin, Belek demanda aux vieux un autre chevreau et il renouvela sa promesse en insistant : il remplacerait le premier par une bête de l'année précédente. Le vieux le rabroua :

– Les riches, eux, peuvent bien être vaniteux, mais nous les gueux, jamais !

La vieille lui désigna un chevreau :

– Attrape celui-là et emporte-le. Mais je te le dis déjà : si tu reviens sans chevreau, je t'arrache les yeux et, avec ça, tout le vent que tu as dans le cerveau, fils d'Ürükej !

Belek s'installa dans un autre endroit que le vieux lui avait décrit. C'était dans la vallée de droite des Üsch-Chadyr, dans une fente de rocher. La nouvelle cache n'était pas aussi bonne que la première : cette fois, il avait dû construire un remblai devant lui et le camoufler avec de l'herbe ; en plus, il était couché à même le rocher — il en montait un froid pénétrant dont il ne se put se défaire que le lendemain en fin d'après-midi.

En revanche, il avait été plus facile ici de mettre le cheval en lieu sûr et il lui semblait que l'endroit était mieux. Il avait attaché le cheval à un piquet de l'autre côté de la croupe de la montagne, dans un grand creux de terrain qui ressemblait à une grosse marmite.

Belek avait vraiment beaucoup de temps ; rien d'autre à faire que de regarder le chevreau par la petite fente et écouter ses pauvres bêlements. Mais comme ses pensées avaient besoin d'un fil conducteur tout autant que son corps de mouvement, il ne cessait de reprendre la situation par tous les bouts. Il pensait que, en ayant mis son cheval en un lieu bien sûr et en s'étant lui-même bien caché, il avait franchi la première étape menant au succès. Cette idée en entraîna une longue suite d'autres, et les étapes suivantes se succédèrent alors très vite dans son esprit : la deuxième étape, c'était qu'il resterait éveillé, mais ça, il en était sûr à cause du froid glacial du rocher ! Dans la troisième étape, « le chien du ciel » apparaît ; dans la quatrième, le chasseur vise et tire ; dans la cinquième, le gredin s'affaisse — en arrivant à lui en quelques enjambées, le chasseur voit bien qu'il baigne dans le noir de son sang répandu ; dans la sixième, le chasseur revient à l'*ail* avec son butin inestimable, sa faute est pardonnée, il est admiré et aimé ; et la septième étape, une jolie petite yourte marron clair, la jolie petite Bumbaj aux pommettes roses, un petit troupeau de moutons et de chèvres — tout cela pour lui, le fils d'Ürükej, le bonheur enfin, enfin gagné, de haute lutte.

Belek n'osait pas aller plus loin ; mais non, il n'avait besoin de devenir ni un *baj* ni un *darga* ni rien de tout ça ; la plus petite yourte qui soit, le plus petit troupeau de moutons et de chèvres et la petite Bumbaj suffisaient à son bonheur ! Que cette pensée lui était douce ! Elle éclairait d'un large sourire son maigre visage brun et effaçait comme d'un coup les efforts exténuants des jours et des nuits, d'une moitié de vie.

Pourtant, même ce petit bonheur était difficile à atteindre, impossible pour lui, le fils d'Ürükej. Le loup ne venait pas, le soleil déclinait. Dégrisé, mais pas démoralisé, non, déterminé même à œuvrer pour ce bonheur prochain, Belek se mit debout. Demain, il reviendrait ici et commencerait son guet encore plus tôt que la veille. Que le loup ait mordu à l'appât, il en avait déjà la preuve. C'est pourquoi il reviendrait ici autant de fois qu'il le faudrait, jour après jour, il le ferait jusqu'à ce qu'il tue le loup, jusqu'à ce qu'il l'ait regardé au fond de ses yeux pâlissants, qu'il ait senti ses muscles tressaillants, qu'il ait respiré son sang fumant et ruisselant et qu'il se soit enivré de cette odeur. Il décrocherait son bonheur à n'importe quel prix.

Le chevreau s'était enroué à force de bêler, il essaya de s'élancer vers l'homme, ses yeux brûlaient de fièvre à force de l'attendre. Et il hoqueta et trembla encore longtemps après. Belek le pressait fort contre sa poitrine et, en gravissant le versant abrupt, lui parlait comme à un enfant : « Ne tremble pas comme ça, mon petit, tu l'avais plus facile que moi, tu n'étais pas forcé de rester couché sans bouger, tu n'étais pas collé à un maudit rocher, tu pouvais même manger et te soulager quand tu le voulais. Aussi maintenant, petit chéri, il faut que tu arrêtes de hoqueter. Dès que j'aurai ma yourte, ma femme et mon troupeau, j'irai trouver tes deux vieux et je leur revaudrai leur bienfait. Mais, en plus, je ne t'oublierai pas. Je demanderai aux deux vieux de t'avoir. De toute façon, je dois leur remplacer l'autre chevreau, ton infortuné petit frère. Aussi, j'apporterai bien vite deux chevreaux de l'année dernière et je dirai à tes vieux : "Voilà le chevreau qui m'a aidé à gagner mon bonheur. S'il vous plaît, *Eshej*, *Enej*, laissez-le-moi, je vous l'échange contre un plus gros ; mais de celui-ci, je veux faire un animal sacré." Tu vois, je te ferai *Ydyk* du feu, tu as exactement le blond de la flamme, tu vas bien avec, et tu n'es pas un animal ordinaire, tu es mon ami, celui qui était à mes côtés dans des moments difficiles, celui qui m'a aidé à bâtir mon bonheur. En tant qu'*Ydyk*, tu vivras une longue vie, aussi longtemps que tu le pourras... »

Les derniers feux du soleil s'éteignaient et le crépuscule arrivait lorsque Belek, ces pensées de bonheur plein la tête, serrant fort contre lui le petit animal qui en cet instant lui tenait lieu de l'enfant à venir, retourna à ce creux de terrain qui allait leur servir d'abri pour la nuit. C'est alors qu'il eut cette horrible surprise qui aurait pu lui coûter la vie : une longue silhouette se sauvait de là en trottant lourdement — c'était le loup ! Belek sursauta si violemment que le chevreau dans ses bras poussa un bêlement. Le temps d'une seconde, Belek resta pétrifié, puis se secouant de sa torpeur, il se rua en avant en gémissant faiblement au lieu d'attraper son fusil comme l'eût fait tout chasseur et de mettre en joue le loup qui ne trottait guère beaucoup plus vite qu'un jeune yak mâle, tant il était repu. Mais le berger n'avait pas d'yeux pour le loup, il s'élançait vers l'endroit où il avait laissé le cheval, c'est lui qu'il voulait voir. Et il le découvrit : il gisait là et son arrière-train n'existait déjà plus.

Le lendemain, Belek rapporta le chevreau aux deux vieux. Il mangea et but ce qu'on lui donna, puis, le fusil et le harnais sur le dos, continua sa route vers l'*ail* de Degeldej. Là-bas, il n'eut à subir ni coups ni réprimandes, devant lui tous restaient silencieux. Ou alors tout cela ne fut finalement que l'impression de Belek, car il vivait dans une sorte d'hébétement, flottait au fil des jours sans même se rendre compte de son état. Quelque temps plus tard, il apprit qu'au terme d'une traque de plusieurs jours, les chasseurs avaient abattu les deux loups responsables des ravages. Le même été, on maria Bumbaj à un autre.

Un jour, peu de temps après, Belek dit à Degeldej et à sa femme :

– Pendant dix ans j'ai gardé votre troupeau, pendant dix ans, vous m'avez nourri, vous m'avez vêtu. Mais mes efforts comme votre bonté n'ont rien donné. Aussi maintenant, je veux partir d'ici.

On ne fit pas même mine de le retenir. Avant de partir, Belek dit encore :

– Mes chevreaux et mes agneaux, ceux que j'aurais dû recevoir pour salaire mois après mois, répareront le dommage que j'ai causé. Je vais donc tout laisser ici, excepté un chevreau que je prends avec moi.

On n'eut rien à objecter, on lui donna le chevreau.

De là, Belek partit rejoindre ceux de sa famille de sang. On ne fut pas spécialement ravi de le voir resurgir, mais il n'y avait non plus aucune raison de ne pas l'accueillir, car on pouvait très bien tirer profit de sa présence. Et c'est ce qui se passa : on lui donna à manger, on lui donna un endroit pour dormir et… « Tiens, le troupeau est là, occupe-t'en ! »

Belek s'occupa du troupeau de ceux de sa famille. Les années passèrent.

Un jour arriva un grand camion qui venait chercher de la main-d'œuvre pour une mine de charbon dans l'intérieur du pays. Belek décida de se joindre à ce départ, mais ceux de sa famille s'y opposèrent fermement. Son frère aîné Naemnak dit qu'enfin tout était bien pour les enfants d'Ürükej, qu'aucun d'entre eux ne pouvait donc laisser tomber le clan maintenant et que chacun était indispensable au bonheur général.

Belek resta, peut-être le bonheur général fleurissait-il. Mais le petit fragment de bonheur dont Belek avait autrefois rêvé si fort ne venait décidément pas. Si le ciel lui avait imparti une brève existence, alors il aurait pu s'en aller sans avoir connu le bonheur sur la terre de Dieu. Mais il lui restait encore beaucoup de temps à passer, beaucoup !

À l'âge de 33 ans, il entrevit la possibilité de suivre la trace du bonheur. Il y avait une jeune femme qui avait été laissée par son mari. Ainsi que l'avait clairement expliqué l'homme qui l'avait quittée, elle souffrait d'une maladie incurable ; une seconde union était par conséquent quasiment impensable pour elle. Mais Belek, lui, on pouvait l'épouser.

Le voisinage et les familles s'en mêlèrent, la curiosité des deux fut éveillée. Un jour, Belek alla jusqu'à la yourte de cette femme, juste pour voir d'abord ou peut-être aussi pour échanger quelques mots.

Il y resta. L'un comme l'autre cherchait un soutien et un refuge. Avec le temps s'installa aussi une inclination réciproque. Mais ce fut toujours cette inclination paisible, constante et sans illusions des êtres méprisés et rejetés par le destin. La femme était de dix ans plus jeune, elle était continuellement malade et excessivement dépendante. Il était pour elle un bon compagnon, une sorte de frère très attentionné, voire de père dans les heures difficiles. Oui, on peut dire qu'ils étaient heureux ensemble.

La première année de mariage s'écoula, et le premier enfant vint au monde. Il attendrit le cœur de cet homme devenu père sur le tard, il le remplit de sensations nouvelles, de pensées nouvelles. Mais au père comme à la mère, l'enfant apporta plus de souffrance que de bonheur. Car c'était un enfant malade. Il mourut : sa vie de malade dura tout juste un an. Belek pleura des larmes comme il n'en avait encore jamais pleuré. Peu de temps après, sa femme lui donnait déjà un second enfant. Belek vivait habité par le bonheur autant que par la peur. Cet enfant-là aussi était malade. Il mourut. Les familles pensèrent que Belek devrait faire appel à un chaman : il le fit. Le chaman déclara :

– Conséquences d'un crime perpétré sur des petits d'animaux.

Le chaman aurait pu tout aussi bien dire : « À cause de toi, six louveteaux ont été tués ! » Mais cela n'aurait pas vraiment été une parole de chaman.

Belek comme sa femme pensèrent alors que c'était la raison de la mort des enfants : « Ah ! C'était donc cela ! Malheur à moi, éternel bouc émissaire ! » Mais que cette femme eût déjà mis au monde trois enfants et qu'aucun des trois n'eût pu vivre, personne alors n'y songea. Au lieu de cela, Belek implorant interrogea le chaman :

– Que dois-je faire, moi qui suis coupable, pour que la faute ne rejaillisse pas sur mes enfants à naître ?

Le chaman se prononça et demanda qu'une chèvre blonde fût tout de suite consacrée à l'*Ydyk* du feu de la yourte puis que, une fois l'enfant né, on consacrât aussi un mouton blanc à l'*Ydyk* des Mengi.

Tout fut fait ainsi, mais cela n'eut aucun effet. Les enfants naissaient et puis mouraient. Mais tous les enfants de Belek ne moururent pas nourrissons, cinq d'entre eux passèrent le cap de l'enfance. La femme atteinte de maladie incurable resta en vie étonnamment longtemps, elle mourut à 52 ans.

Les années passèrent, la vie devint autre, globalement plus supportable. Mais pas pour tout le monde ! Pour Belek, ce modeste rêveur de bonheur, terminer son existence fut une lourde obligation. Les années s'empilaient honteuses sur son dos. Le calice d'amertume lui fut donné à boire jusqu'à la lie.

« Mais », — et s'il arrive qu'un jour on rapporte l'histoire de sa vie, on aura alors comme l'impression d'un minuscule rayon de soleil au cœur d'un long orage — « il aura tout de même tué son loup ! »

Oui, il l'aura fait, presque une vie plus tard, mais

bon il l'aura fait, et compte tenu de son âge, cela n'en est que plus remarquable. Pourtant, qui sait si le couronnement de cette trop longue chasse aura finalement eu encore un sens pour lui, pour sa vie, et aussi pour ceux qui le connurent et ne surent pas laisser à un des leurs un petit fragment de bonheur.

# Une histoire touva

La rivière et le bois de saules étaient déjà derrière nous, et la steppe commençait. Sur le corps des chevaux mouillés par l'eau de la rivière que nous avions traversée étaient agglutinées des nuées de moustiques semblables à de pâles couvertures pleines de trous. Les chevaux battaient de la queue, et nous, leurs cavaliers, agitions nos bras dans l'air. Mais tout effort restait vain, à croire que cette bande de brigands préférait mourir rassasiée que vivre affamée.

La journée promettait d'être chaude. Le soleil levant brûlait comme du feu dans notre dos et très vite le poil des chevaux fut sec aussi. Quelques moustiques survivants nous pourchassaient encore, ils paraissaient presque violets à présent.

– Il va faire chaud aujourd'hui, dis-je.

– Bah ! murmura mon compagnon de chasse, le vieux Dshaniwek, il va y avoir de l'orage et de la neige !

Ébahi, je me retournai et je découvris une bulle nuageuse toute pâle entre le soleil et l'horizon. Le reste du ciel rayonnait d'un bleu profond et froid. Il pourrait pleuvoir vers midi, pensais-je, et j'observais mon compagnon, ce vieux berger que le monde entier semblait éviter.

«Je ne te laisserai pas aller avec ce Dshaniwek», avait dit ma mère d'un ton menaçant, lorsqu'elle avait appris mon projet de le suivre à la chasse au loup. Et elle ne m'avait donné son accord qu'après promesse de trouver un troisième homme pour nous accompagner. Mais ce n'était encore que le début du mois de juin et personne ne s'était décidé à venir à la chasse, car à cette époque de l'année on ne pouvait tirer que sur les loups, et j'étais bien le seul à croire que le vieux Dshaniwek débusquerait des loups ainsi qu'il l'avait affirmé.

Le bruit courait qu'il avait abattu un fugitif qui n'avait rien fait à personne. D'autres en revanche racontaient que le fugitif en question était un déserteur armé et que Dshaniwek avait tout simplement eu pour mission de l'arrêter. Il y avait eu échange de coups de feu et le déserteur avait été tué. On n'avait pas déterminé quelle balle l'avait touché, car Dshaniwek n'était pas seul. D'autres hommes avaient tiré en même temps que lui, et cet événement s'était déroulé au point du jour.

On racontait aussi que Dshaniwek avait été d'abord instructeur du peuple, ensuite président du Conseil de district et plus tard secrétaire du Parti. Certains s'adressaient encore à lui en l'appelant «camarade instructeur» ou «camarade chef», et leur ton était alors chargé de raillerie, voire parfois d'hostilité.

Je ne le connaissais que par son travail qui, pensais-je, influençait aussi son mode de vie. Comme il était l'éleveur de chameaux de la coopérative, il n'avait pas de yourte, mais seulement une tente montée à un endroit où les gens allaient rarement, car le chameau est un animal très exigeant qui ne se contente pas de la maigre pâture de la montagne et des herbages.

Le fait qu'il vécût seul n'avait en soi rien d'extraordinaire, car le monde est ainsi fait : l'un a dix fils et cent proches parents alors que l'autre tourne seul avec son ombre.

Je pris son parti dans mon for intérieur et j'attribuai l'hostilité que lui manifestaient les autres à cette sorte d'injustice qui frappe ceux qui luttent pour les intérêts de la société et du progrès et qui, par là même, s'attirent une foule d'ennemis. Car, dans ces années d'agitation révolutionnaire, d'agitation contre-révolutionnaire, dans ces années de guerre, de manque de forces et de moyens, les intérêts de la société nouvelle devaient être âprement défendus.

Pour le meurtre en question il n'y avait rien de plus qu'un vague soupçon. Même si c'était bien lui qui avait tenu l'arme d'où était partie la balle meurtrière, même s'il avait abattu quelqu'un au grand jour, cela avait été un acte nécessaire, tout simplement l'accomplissement d'un devoir, car l'homme était armé, c'était un déserteur à une époque où les hautes instances populaires, accablées de trop de soucis, n'y voyaient plus clair.

Dshaniwek, lui, ne semblait pas se soucier des cancans. Il ne parlait jamais le premier, mais s'il avait commencé à raconter quelque chose, il ne lui était guère facile de s'arrêter. Il était aimable et s'occupait bien du bétail de la coopérative. Tout cela, je m'en étais rendu compte quelques jours plus tôt lorsque, en pleine montagne, j'étais tombé par hasard sur sa tente solitaire après avoir erré la moitié de la nuit et eu peur jusqu'au délire des chacals que j'entendais hurler à la ronde. Comme au cours de cette nuit-là, il m'avait beaucoup parlé de chacals, de loups et de tas d'autres choses, je lui avais demandé au matin de me prendre un jour avec lui à la chasse au loup.

Les chevaux allaient d'un bon pas, leurs larges sabots rejetaient le sable sec, et cette poussière blanche broyée au long de tant d'années, restait un moment dans l'air en suspens avant de monter plus haut et de s'éloigner doucement. C'était comme si une bobine rebondissait entre les pattes des chevaux et déroulait jusqu'à l'horizon un fil blanc oscillant. La gamelle de chasseur dans la sacoche en peau de cerf battait contre le pommeau de la selle au rythme du pas du cheval, en donnant ce son régulier et sourd qui incitait à la somnolence et rappelait l'étendue de la steppe.

Avec l'arrivée de la lumière du jour, la bulle nuageuse grossit, s'assombrit, mais le soleil continua à briller, éclatant, et à brûler de plus en plus. Les maigres brins d'herbe de la steppe étaient immobiles, çà et là de grosses sauterelles grises sautaient sur le bord du chemin, puis s'immobilisaient sur le sol et fixaient de leurs sombres yeux remplis d'effroi les jambes des chevaux.

On avait vraiment l'impression qu'un orage montait. Nous chevauchions en silence, ainsi que le font tous les cavaliers de la steppe tant que rien d'imprévu ne surgit. Dshaniwek était recroquevillé sur lui-même, comme s'il dormait. Son visage raviné ressemblait à un paysage de montagne escarpé qui, dans la grisaille du passé, avait été meurtri par un éboulement de rochers et entamé dès son origine par l'eau, le vent et le soleil. Il avait une façon de serrer fort ses lèvres comme s'il gardait un secret. Deux cicatrices profondes et brillantes se croisaient sur son front. Son bonnet en peau d'agneau d'où pendaient les longues oreillettes était râpé, l'ourlet de son *lawschak* tout effrangé dépassait de sa veste en ouate, ses bottes, elles, étaient presque neuves. Son fusil semblait d'un autre temps, un épais bandage entourait la culasse comme si ce puissant instrument de mort avait été immobilisé. Au-delà du bleu scintillant de l'horizon surgissaient les Besch-Bogda, tel un rempart invincible, et le blanc des sommets enneigés était si brillant qu'il meurtrissait les yeux.

Je pensais à l'Islande, ce bout de terre que je n'avais en fait jamais vu, mais auquel je m'étais pourtant tellement attaché; je pensais à ces grands enfants de la nature qui s'étaient affirmés au cours de mille ans d'histoire. Je pensais à cet esprit qui, à moi, ce fils des montagnes de l'autre bout de la terre, m'avait recommandé sa patrie et son peuple, je pensais à lui comme à un frère lointain et les larmes me venaient aux yeux. Je voyais celui qui chevauchait à mes côtés, ce vieux Touva au visage raviné et à la bouche close sur un secret, je voyais ce «monument» à cheval, témoin du tournant d'une époque et de la fin d'un monde. Je le voyais et je pleurais les larmes qui, au cours du temps, s'étaient amassées en moi. Elles étaient le fruit d'une tristesse profonde qui n'avait rien à voir avec cette tristesse des gens civilisés. Cette tristesse n'oppressait pas, elle remémorait quelque chose de grand qui avait existé et qui ne pouvait s'effacer, elle appelait le souvenir, ébranlait en profondeur et laissait pressentir que de grandes choses étaient en devenir. Je pleurais et je pensais à cet esprit bienheureux qui, un jour, recommanderait aussi le destin de notre peuple à des frères éloignés et enrichirait ainsi d'une gouttelette les éternelles joies et souffrances de l'humanité.

Il se mit à tonner. Les chevaux pointèrent les oreilles, commencèrent à s'agiter. Les yeux de

Dshaniwek s'ouvrirent à peine, pareils à deux traits sombres ; il essayait de déterminer de quelle direction venait le bruit. Je m'essuyai les yeux du revers de la main, je l'imitai et au bout d'un certain temps je découvris un point clair, haut dans le ciel, qui semblait se déplacer vers l'est.

C'est alors que tout d'un coup l'air se remplit d'oiseaux : des milans, des corneilles, des alouettes, des tourterelles et des mouettes, ces pauvres compagnons des mers qui continuaient à s'égarer jusqu'ici sur les larges routes bleues qu'avaient empruntées leurs ancêtres. Mais il y avait bien longtemps de cela, c'était loin, très loin dans le passé, à des millions d'années, et de cette mer n'était resté que le fond asséché : la steppe et ses cent millions de pierres polies et ses coquillages.

Les oiseaux faisaient en volant un tohu-bohu qui donnait presque le vertige à qui les regardait, ils piaillaient, criaillaient, sifflaient, roucoulaient et criaient, criaient comme des créatures martyrisées et vouées au naufrage. Leurs ailes fouettaient l'air si violemment que l'on pouvait entendre ces battements malgré le mugissement du tonnerre et les appels au secours, et l'on avait l'impression d'avancer au milieu d'un déferlement de vagues grondantes et déchaînées.

L'escadrille grise survola l'étendue de la steppe et disparut derrière les nuages qui maintenant n'étaient plus de petites bulles légèrement gonflées, mais une mer houleuse qui avait englouti le soleil.

Nous ne disions mot, nous maintenions ferme la bride des chevaux et nous redressions sur nos selles tout en cravachant au même rythme les animaux qui couraient à fond de train. Le vent se leva et, du fil de poussière, fit une traîne. La steppe vibrait sous les sabots des chevaux, seules les montagnes enneigées, dans le ciel tout au loin, se dressaient, calmes, avec leurs glaciers étincelants, et je pensais en les voyant à la chasse qui nous attendait, oui, je pensais que Dshaniwek débusquerait très certainement des loups et je souhaitais la neige, je la souhaitais avec autant d'impatience qu'un enfant.

Vers midi tout le ciel s'était couvert, et d'un seul coup éclata une tempête arrivant du nord-ouest. Le sable emplit l'air, le vent s'empara des cailloux que les sabots des chevaux faisaient tourbillonner, et les projeta contre les chevaux et leurs cavaliers. Les grues planaient dans les airs et s'efforçaient — mais en vain — de voler contre la tempête jusqu'au moment où, poussant des cris aigus, elles finissaient par céder devant sa violence et faisaient route en se résignant à leur sort.

Dshaniwek me cria quelque chose. Mais comme je ne pouvais pas le comprendre, il me fit signe de m'arrêter. Le vieil homme approcha sa bouche de mon oreille et cria : « Nous allons prendre une vallée transversale où nous pourrons attendre le temps que durera l'orage ! » On ne voyait plus les montagnes enneigées ni la steppe ni le ciel, on ne distinguait plus rien, seulement le tourbillon blanc grondant et déchaîné.

Nous obliquâmes sur la gauche et fîmes galoper les chevaux aussi vite qu'ils en eurent la force. Maintenant le vent nous prenait de côté, il venait donner contre nous, telle une masse solide il nous frappait au visage, et nous coupait le souffle. La tempête ne fléchissait pas, l'orage éclatait. La pluie que nous avions d'abord perçue comme un bourdonnement, puis comme un mugissement de plus en plus violent à cause des hurlements du vent et du martèlement des sabots, nous assaillit en crépitant, pareille à un incendie liquide et dévastateur. Nous reprîmes un rythme lent. De grosses gouttes claires battaient sur le sol contre les cailloux, rebondissaient, et on aurait dit des millions de scarabées ronds et brillants sautant sur la steppe. Le brasier qui jetait des flammes de tous côtés en même temps les éclairait d'une lumière crue, et les coups de tonnerre succédant aux éclairs les faisaient frémir et tressaillir. Des flammes bleues crépitantes palpitaient au-dessus de la crinière des chevaux, il flottait une odeur de crin brûlé. Les animaux s'ébrouaient et secouaient leur crinière, nous tirions sur les rênes pour les calmer, mais l'odeur du feu les avait rendus craintifs, et ils se cabraient. Alors, nous les laissâmes galoper, la bride sur le cou.

J'étais trempé jusqu'aux os mais ne m'en souciais plus. Je m'attendais à être foudroyé à tout moment et j'avais peur de glisser de la selle, corps sans vie.

Dshaniwek cria quelque chose que je ne pus comprendre. J'arrivai cependant à deviner le sens de ses paroles, car je vis que nous avions atteint la vallée. Un massif rocheux avait surgi, sur son flanc sud partait un défilé. J'étais aussi heureux que si je m'étais trouvé devant la yourte de mon père, je pensais qu'ici la mort ne me rattraperait pas. Nous galopâmes dans ce couloir sous un rocher en surplomb qui nous protégeait de la pluie, puis nous mîmes pied à terre. Je haletais et tremblais, j'étais épuisé et gelé. Maintenant que j'étais là au sec, le contact des vêtements mouillés sur ma peau était devenu désagréable, je ne pouvais ni m'asseoir ni me mouvoir à mon aise et je me sentais raide comme un épouvantail à loups.

Le vieux Dshaniwek voulait se poser un peu, mais il ne le fit pas quand il me vit rester debout ainsi. Il se baissa pour tâter le fumier des chameaux de l'an passé, aplati et empilé en petits monticules tout secs. Puis, pour faire du feu, il superposa en cercle des couches de fumier, en émietta un morceau entre ses deux paumes et versa cette poudre au centre en un petit tas. Ensuite il sortit une boîte d'allumettes de sa poche de poitrine. De ses mains il protégea du vent l'allumette enflammée et la tint au-dessus du petit tas de poudre. Un minuscule filet de fumée bleue s'éleva. Dshaniwek se releva et commença d'aviver le tas qui fumait, en brassant l'air avec l'ourlet de son *lawschak*. Une flamme blanche apparut, se consuma, puis céda bientôt la place à un feu ardent.

Je m'approchai aussitôt du feu, mes mains touchaient presque la flamme, et je me mis à frissonner encore plus fort. Dshaniwek lâcha son *lawschak*, me regarda, son regard disait aussi bien l'affection que la déception, et il me sourit. C'était la première fois que je le voyais sourire et cela lui donnait un air misérable. Le sourire ne lui allait pas, son visage qui évoquait habituellement un paysage de montagne remontant aux origines ressemblait maintenant à un masque sinistre, les cicatrices qui se croisaient sur son front semblaient le condamner à un sérieux éternel. Mais bientôt ce sourire mourut et le visage reprit les traits familiers. Le vieux Dshaniwek m'observait par-dessus la flamme.

– Quel âge as-tu ? demanda-t-il.

– Vingt-cinq ans, dis-je.

Il murmura quelque chose pour lui seul et je compris seulement «... le pauvre nigaud !... »

Il continuait à pleuvoir, mais les éclairs étaient à présent plus espacés. En revanche, le tonnerre était ici plus fort à cause du rocher. Les chevaux ne pouvaient pas trouver le sommeil.

Le surplomb du rocher était si grand qu'il aurait pu abriter tout un troupeau de moutons. Apparemment il y avait eu ici un campement d'hiver, délaissé depuis des années maintenant. La paroi était abîmée et le fumier de mouton, réduit en poussière, avait formé avec le sable amené par le vent une fine terre marron clair. Le creux dans lequel s'était dressée la yourte avait été comblé par des cailloux qui avaient roulé là. Les chameaux semblaient être les seuls êtres vivants qui cherchaient et trouvaient encore refuge ici. Plus j'examinais avec attention ce campement abandonné qui m'était d'abord apparu si familier, plus je le trouvais angoissant.

Je demandai au vieil homme durant quel hiver, à son avis, il pouvait bien y avoir eu pour la dernière fois une yourte à cet endroit. Il tressaillit, détourna le regard et dit doucement :

– Il y a vingt-cinq ans.

Je trouvai étonnant, presque inquiétant, qu'il sût cela si exactement. Je demandai alors précipitamment :

– Et pourquoi n'est-on ensuite plus jamais venu ici ?

En demandant cela, je sentis mon cœur taper, comme ébranlé par un sombre pressentiment. Le vieux Dshaniwek se taisait.

Un éclair jeta une lueur crue sur les cicatrices de son front. J'attendais le coup de tonnerre et cette attente fut pour moi un supplice. La roche craqua comme si elle allait se fendre. Je tressaillis de peur, bien que j'aie attendu ce bruit. Dshaniwek soupira.

Le feu faiblissait. Je l'alimentai, la flamme repartit, je l'alimentai encore, avec le fumier je formai un mur tout autour du foyer, je voulais un grand feu. Le vieux Dshaniwek regarda fixement les flammes et dit :

– Personne n'a survécu.

Je souhaitais qu'il y eût des éclairs. Mais l'orage était passé, il n'avait laissé derrière lui qu'une sorte de bruine et il tombait de fines gouttelettes claires au bruissement monocorde et engourdissant. La pluie mouillait la steppe, les montagnes et la terre marron clair sur laquelle il y a bien des années se trouvait un chaud enclos parsemé de perles noires de crottin fumant.

– C'est ici qu'a fini Bajnak dont tu as certainement entendu parler, commença le vieux Dshaniwek. Mais dans tout ce que l'on raconte à ce sujet, il y a beaucoup de choses fausses et incomplètes. Peut-être que je suis la seule personne sur cette terre qui puisse encore rapporter l'histoire de Bajnak comme elle a vraiment été ! Peut-être que ma propre fin est proche, c'est pour cette raison que je veux te conter cette histoire !

Bajnak n'était pas le fils de Zeweg ainsi que tu l'as probablement entendu dire. C'était mon fils, mon unique fils. Zeweg me l'a pris alors qu'il était encore dans le sein de sa mère. Cette fille était belle, ses longs cheveux noirs qui tombaient sur ses épaules étaient une splendeur. Ses yeux étaient pareils à ceux d'un chamelon. Mais moi, j'étais cet orphelin qui, avec son bâton de marche et la force de sa jeune audace, se tirait d'affaire, passant d'un enclos de yourte à un autre. Les riches ne m'aimaient pas, et j'étais aussi une épine dans l'œil de bon nombre de ceux qui ne possédaient aucune richesse.

Zeweg était de ceux qui commençaient alors à devenir importants. Il fréquentait les commerçants russes, disparaissait souvent pour une longue période et revenait avec toutes sortes de choses qu'il vendait. C'était un chien rusé, mais plus grande encore était sa brutalité, car il savait que cette fille était enceinte quand il me l'a volée. Ce qui l'attirait tant en elle était non seulement sa beauté, mais surtout le bétail de sa mère qui n'avait pas d'autre enfant et était gravement malade. Elle est morte peu de temps après le mariage forcé de sa fille.

C'était en 20, ensuite il y a eu l'année 1921. Dans notre coin abandonné, cela n'a pas été un ouragan, cela a été comme un crépuscule. Il y a bien eu des coups de feu, mais ils étaient dirigés contre des Russes blancs et des brigands kazakhs vagabonds. Les gens d'ici ne s'en sont pas pris les uns aux autres et pourtant, là, au lever du jour, les ennemis jurés — les gens avec du bien et ceux dans le besoin — se reconnaissaient encore plus facilement. S'il n'y a pas eu d'échange de balles, c'est que les gens aisés ont été obligés d'admettre qu'il était déjà trop tard.

Mais la canaille désormais privée de sa puissance n'a pas voulu se retirer, elle a essayé de cacher son vrai visage derrière des flatteries. Une douzaine de *koulaks* se sont hâtés à la rencontre du premier envoyé des hautes instances populaires et lui ont assuré qu'ils étaient prêts à collaborer. Même Zeweg et les gens de son acabit se sont montrés, des commerçants, des malfaiteurs avilis, des aventuriers venus l'on ne sait d'où, toute une meute de suiveurs et de parasites. Nous aussi, les va-nu-pieds, avons accouru. On a désigné les maîtres de cette ère nouvelle. Certains de nous en faisaient partie, seulement des pauvres diables, des indigents sans instruction, dont aucun ne savait lire ni écrire ni maîtriser la langue officielle. Les *koulaks* et les *Zeweg* ont été associés au nouveau pouvoir, car ils étaient plus efficaces que nous, quelques-uns d'entre eux savaient écrire et parler.

Bientôt le premier instructeur du peuple est arrivé et j'ai rejoint un cercle de formation. Là j'ai appris avec d'autres à lire et à écrire et j'ai entendu parler du prolétariat rouge, de la révolution d'octobre, de Lénine et d'autres choses. J'ai appris aussi qu'il y avait une classe possédante et qu'elle devait être vaincue par la classe qui ne possédait rien.

Je suis devenu instructeur du peuple, j'ai transmis à d'autres ce que j'avais appris, j'étais plein de zèle, et toute personne qui avait une yourte blanche ou plus de cent têtes de bétail — si la yourte n'était pas blanche, c'était la même chose ! — était pour moi un *koulak*, donc un ennemi, et je me suis mis à avoir beaucoup, beaucoup d'ennemis.

À cette époque, Bajnak, notre fils, savait déjà marcher. Sujasch, sa mère, n'a pas eu d'autre enfant. Je lui en ai été reconnaissant et je le suis encore aujourd'hui, maintenant qu'il n'y a plus personne en vie.

Parfois, lorsque Zeweg n'était pas là, j'allais jusqu'à leur yourte, je pressais mon Bajnak sur mon cœur, et son odeur d'enfant me donnait le vertige. Sujasch, assise, nous regardait sans rien dire. Une fois, elle a longuement pleuré et m'a dit, sanglotant encore mais souriant en même temps : "Tu ne trouves pas qu'il te ressemble de plus en plus ?" C'est vrai qu'il y avait une ressemblance, mais en tout cas il avait aussi les yeux de sa mère.

Plus tard, l'enfant a pris l'habitude de venir à ma rencontre, il courait vers moi en criant : "*Agaj, agaj*, frère, mon frère !" Je le prenais sur mon cheval, et il riait et criait de joie. Sujasch me racontait que l'enfant avait peur de Zeweg bien que celui-ci ne le traite pas mal.

Leur yourte se dressait, solitaire, dans une vallée écartée. À cette époque je considérais cela comme une chance pour moi, mais aujourd'hui je sais que cela a été un malheur, car l'enfant a grandi comme un petit chevreuil sauvage.

Maintenant tu vas me demander pourquoi je ne les ai pas pris tous les deux avec moi. Je me le demande aussi, depuis trente ans. À ce moment-là, il n'y avait pas encore le code de la famille, une femme pouvait quitter son mari à tout moment, si elle n'avait pas peur de la bagarre qui allait suivre. Je sais que j'aurais été le plus fort si nous en étions venus aux mains, car Zeweg était un petit homme mince à la voix de fausset, et tu peux peut-être imaginer comment j'étais bâti à vingt-cinq ans.

Je crois que la peur d'entacher ma réputation m'a retenu. Un instructeur populaire était alors quelqu'un, il devait être irréprochable. Je me voyais irréprochable et je voulais le rester. Il s'ajoutait à cela un certain orgueil, mais il n'a éclaté dans toute sa force et son ampleur qu'avec ma première charge.

Je ne me prenais pas pour n'importe quoi : un va-nu-pieds depuis sept générations, voilà comment on me considérait avant, un homme instruit, fort et beau, mais oui, beau, voilà comment je me suis considéré par la suite ! Tu ne vas peut-être pas le croire, mais tu sais, ces cicatrices, je ne les ai eues que par la suite, pourtant je les aurais méritées bien plus tôt ! Aujourd'hui je pense que j'aurais dû perdre un œil et être paralysé d'une jambe, au plus tard ce fameux jour où je suis encore monté en grade.

J'aimais mon Bajnak et ma Sujasch, je les aimais tant que j'avais mal de temps en temps, mais mon orgueil était le plus fort, car je m'étais mis dans la tête que je n'avais pas le droit de prendre la femme d'un autre, à plus forte raison avec un enfant dont personne ne savait qu'il était le mien. Ce qui était décisif pour moi, c'était ce que les autres diraient et penseraient à mon sujet. En réalité j'étais un lâche. Je vivais dans une pauvreté épouvantable, j'avais faim, j'avais froid, j'étais toujours ce même pauvre diable, mais maintenant je savais lire et écrire, et, parce que j'appartenais au prolétariat rouge mondial, j'étais un disciple de Lénine et un révolutionnaire doté d'une forte volonté et d'une bonne morale, j'étais fermement décidé à briser l'ancien pays touva et à en bâtir un nouveau.

Puis il y a eu les années trente. Il s'agissait de vaincre les *koulaks*. À cette époque j'ai été nommé président du Conseil de district. Je pensais que le Parti avait reconnu que mon cœur était pur. Et mon cœur était pur, il voulait les meilleures choses pour les hautes instances populaires, mais ma tête était vide. Je voulais toujours prendre le chemin le plus court, et si cela avait été en mon pouvoir, j'aurais mis le feu à tous les temples avec leurs Bouddhas et leurs lamas, d'un coup de poing, j'aurais cassé le nez de tous les *koulaks* et, en un tour de main aussi, j'aurais collectivisé le pays touva. Mais il y avait d'autres camarades qui me dictaient la patience. À mes yeux ils n'étaient cependant que de pauvres conciliateurs.

En 1932 non plus, on n'a pas tiré de coups de feu en pays touva, en revanche il y a eu des incendies allumés en cachette, des chapelets de propos virulents et haineux et un exode rural. Il y avait camarade et camarade, certains pensaient que le pays touva devait couper les ponts avec la Mongolie et chercher de l'aide auprès de la Chine. Nous, les pauvres, nous avons organisé une réunion secrète et nous avons discuté de ce qu'il était bon de faire. Je me suis adressé aux camarades en disant : "Regardez ! Vous me prêchez la patience et qu'en retirons-nous ?" Je pensais être le seul camarade lucide de tout le pays touva. Alors nous avons porté un grand coup en envoyant au diable les *koulaks* et leurs mouchards, et nous avons été victorieux.

Le vieux Dshaniwek regardait fixement le feu et j'avais l'impression qu'il ne racontait pas son histoire d'après ses souvenirs, mais qu'il la voyait dans la flamme devant lui. Le murmure de la pluie blanche continuait sur la steppe et les versants des montagnes, mais les nuages s'étaient refermés en un couvercle de brouillard sur les sommets, et le soleil brillerait bientôt sûrement à nouveau, la steppe et les montagnes exhaleraient des vapeurs, et les sauterelles feraient entendre leur chant.

– Mais les *Zeweg* sont restés et aujourd'hui ils sont encore là. Zeweg est devenu président de la coopérative, il a joué la carte de la mesure, de la magnanimité, il a soupiré, promis, partagé et fait en sorte que sa gestion lui remplisse les poches. Il me dégoûtait, mais je ne le haïssais pas. Je me suis découvert des qualités, je n'étais pas rancunier mais généreux, j'allais souvent parler avec lui et je me suis lié d'amitié. C'est vrai que je l'ai fait en me forçant un peu, mais je l'ai fait dans l'intérêt de la communauté.

Malgré mes revenus maintenant satisfaisants, je menais toujours une triste vie et je le faisais avec une paisible satisfaction intérieure, car l'aisance était pour moi la marque de la féodalité et de la petite bourgeoisie. Ce terme de petit-bourgeois, je l'avais appris dans le journal, c'était un de mes mots favoris, et quand il n'y a plus eu de *koulaks* chez nous, tous ceux que j'avais rangés au nombre des *koulaks* sont devenus à mes yeux des petits-bourgeois. J'habitais solitaire dans une petite cabane en bois qui auparavant avait servi de lieu de prière au Grand lama. Cette cabane n'existe plus aujourd'hui.

Les années passant, je rendais visite plus rarement à Sujasch. C'est vrai qu'elle devenait de plus en plus silencieuse, elle ne parlait pas de Bajnak si je ne lui posais pas de questions à son sujet. Mais chaque fois, elle avait pour moi quelques tricots de corps et des pantalons. Elle les sortait de sous son oreiller, me les donnait et disait: "Il y a presque un an déjà que je les sens sous ma tête et que je pense que tu es sale et que tu as des poux. Je ne peux pas te coudre d'autres affaires, mais fais-t'en faire par tante Chendshe." Tante Chendshe était une femme pauvre qui s'occupait des délaissés. Elle accueillait les sourds-muets, les aveugles, les faibles d'esprit et les orphelins qui n'avaient pas de famille, ou qui étaient négligés par celle-ci. Elle a pris soin de moi aussi, jusqu'à sa mort.

Je ne pensais que rarement au mariage. Il arrivait que je me sente attiré par telle ou telle femme, mais la perspective d'une union m'effrayait. L'une n'était pas au Parti, l'autre n'était finalement pas assez jolie pour moi et ainsi de suite; la vérité, c'était que j'étais maintenant un camarade influent, instruit, doté d'une grande force de caractère, et que, pour toutes ces raisons, je me trouvais trop bien pour les femmes restées à la traîne.

Pour Sujasch je ne ressentais plus depuis longtemps la passion d'autrefois. Je l'avais étouffée en moi, j'avais sacrifié Sujasch à l'amitié des camarades et j'avais, au passage, admiré par-dessus le marché ma propre grandeur d'âme.

Mon Bajnak était devenu un joli garçon, à proprement parler, un vrai sauvage. À treize ans, il tirait déjà sur les loups et savait même dresser les chevaux sauvages les plus rebelles. Mais on le disait paresseux, car il montait à cheval à longueur d'année et ne s'occupait pas du bétail de Zeweg. Il aurait dû aller à l'école du chef-lieu de district, mais en fait cela n'a jamais rien donné, car il s'en est toujours sauvé.

Un jour, j'ai pris Zeweg à parti : "Dis-moi, camarade, comment peux-tu permettre que ton fils reste arriéré ? Nous avons besoin d'une jeunesse instruite." Tous ceux qui ne savaient ni lire ni écrire étaient pour moi arriérés. Zeweg a soupiré : "Tu as tout à fait raison, mais ce garçon est paresseux comme une couleuvre et ne veut rien apprendre. D'où peut bien lui venir cette paresse ? Pas de moi, en tout cas !" J'ai senti monter en moi une vague de chaleur et je me suis éloigné.

Je n'avais pas le courage de prendre Bajnak avec moi et, mi-triste, mi-admiratif, je le regardais se transformer en sauvage. Non, je ne pouvais pas prendre avec moi mon unique fils. J'avais même peur que l'on apprenne qu'il n'était pas le fils de Zeweg mais mon propre fils. Je voulais être un camarade moralement irréprochable et qu'en aurait-il été si, moi, le président du Conseil de district je m'étais fait prendre en flagrant délit de vol ? Le fait que le voleur, le ravisseur, était Zeweg et pas moi, ça, je l'avais oublié depuis longtemps !

Oui, mon petit, le pouvoir peut devenir une drogue et à partir du moment où tu en es dépendant, tout, absolument tout devient un engrenage et ça continue ainsi jusqu'au jour où tu reçois un coup qui te jette à terre. Alors tu retrouves tes esprits et tu t'étonnes d'être devenu ce pitoyable infirme qui ne peut plus se fier à ses cinq sens !

Mais la révolution s'était enracinée chez les Touvas. Elle était solidement implantée, car c'était une grande chose, une grande évolution qui ne se laissait pas arrêter ni détourner par les valses-hésitations d'un esprit confus ou de quelques imbéciles.

En 1939, Sujasch est morte. Je ne lui avais plus rendu visite depuis presque 2 ans. J'ai vu le tertre de la tombe recouverte de gelée, c'était la fin de l'automne, j'ai laissé couler une larme. Pour la première fois depuis longtemps je pouvais pleurer, mais j'en avais honte. Sujasch avait 37 ans. Dès l'hiver suivant Zeweg s'est remarié, cette fois il a pris la veuve d'un *koulak* qui avait été emporté. Autrefois cette femme n'avait pas pu choisir son mari, maintenant les lois favorisaient son mariage librement décidé.

Bajnak avait en fait pratiquement quitté la yourte de Zeweg, ou plutôt de la femme du *koulak*. Une nuit, alors que je revenais d'une longue réunion, j'ai aperçu un grand jeune homme devant la porte de ma cabane. Je ne l'ai pas reconnu, mais il s'est avancé vers moi et a dit doucement : "Père !" C'était mon Bajnak ! Sujasch lui avait donc dit la vérité.

Le vieux Dshaniwek se tut. La pluie avait cessé. Le feu rougeoyait encore faiblement. Je l'alimentai en formant à nouveau un mur tout autour du foyer et je soufflai sur la braise jusqu'à sentir ma gorge brûler et ma tête bourdonner. Bientôt le feu recommença à flamboyer. Le murmure de la pluie blanche s'était tu, des nuages blancs aux contours dentelés passaient au-dessus des montagnes et de la steppe. La neige s'annonçait.

Dshaniwek continua :

– J'étais heureux, je serrais le beau jeune homme contre moi et je pensais avec bonheur : C'est mon fils !

Mais en même temps j'avais peur que tout le monde apprenne que le président du Conseil de district cachait un bouc amoral. La crainte de voir ma bonne réputation souillée l'a emporté sur ma fierté de père, et j'ai alors été capable de lui dire : "Tu dois revenir chez ton père !" Quel chien j'ai été, sept fois chien ! Bajnak s'est dégagé de mon étreinte et s'en est allé. Je l'ai vu disparaître dans l'obscurité, et alors quelque chose s'est soudain déchiré en moi. J'ai appuyé ma tête contre la serrure glacée et j'ai sangloté, mais je n'ai pas rappelé mon fils, je n'ai pas couru derrière lui.

À l'automne suivant, mon Bajnak est parti à l'armée. C'étaient des temps troublés. Devant l'entrée de notre communauté, une douzaine de gars à cheval attendaient en ligne, en tête de leur formation flottait le drapeau rouge ; la journée était fraîche et ventée. En demi-cercle devant les soldats se tenaient cinquante ou soixante personnes, des vieillards qui s'appuyaient sur des cannes ou qui étaient en selle, des femmes avec des enfants au sein. Il y avait aussi des adolescents, ceux-là même qui quelques années plus tard attendraient à cheval, à leur tour en ligne pour la première fois. Les filles avaient déjà pleuré toutes les larmes de leur corps devant les troupeaux ou au-dessus des seaux à traire et, maintenant, elles pouvaient se contenir tant que le cortège ne s'ébranlait pas en chantant. Les mères s'en tenaient avec rigueur à la coutume qui voulait que pas une larme ne tombe au cours de l'adieu.

En tant que président du Conseil de district, j'ai fait un petit discours où je demandais aux hommes de bien défendre la patrie socialiste, au péril de leur vie s'il le fallait.

Malgré la règle de la coutume, une femme s'est mise à sangloter. Un murmure sourd a alors parcouru l'assistance et les soldats ont eu les larmes aux yeux. J'ai déclaré : "Ces cinq années vous sembleront cinq jours lorsqu'elles auront passé. Guerriers, au revoir !" Là-dessus je suis allé vers les gars, tout le peuple me suivait. Je voulais leur serrer la main en souriant, mais lorsque j'ai regardé mon Bajnak dans les yeux, j'ai été pris de vertige. Je ne l'avais pas revu depuis cette fameuse nuit, et il me paraissait amaigri et torturé intérieurement. Son allure était encore plus virile, et il était en tête. Je l'ai touché au genou, je l'ai pris par la taille, je l'ai attiré à moi et je l'ai serré dans mes bras. Je l'embrassais éperdument en murmurant : "Mon garçon ! Mon garçon !"

Quand je me suis écarté de lui, j'ai vu que ses yeux noirs si vifs étaient pleins de larmes. Ma Sujasch aussi avait la même façon de me regarder ; les yeux de Bajnak disaient : "Père, tu ne m'as donc pas rejeté !"

C'est alors que je me suis rendu compte que moi aussi j'avais pleuré, j'en ai eu honte et je me suis avancé vers le suivant pour lui donner la même accolade. J'ai embrassé tous les gars, l'un après l'autre, mais jamais je n'en ai gardé un dans mes bras aussi longtemps que Bajnak. Après que tous les gens présents eurent dit au revoir aux cavaliers, une vieille femme aux cheveux blancs leur a tendu un bol de lait, puis elle a versé ce qu'il restait sur la tête des chevaux. Tout de suite après, l'ordre du départ a été donné. On a entonné une marche et la colonne s'est ébranlée en chantant. Nous sommes restés ensemble jusqu'à ce que nos gars disparaissent dans la brume de la steppe et que l'oriflamme de poussière s'évanouisse. J'étais excité, je souhaitais beaucoup, beaucoup de chance à tous ces cavaliers qui partaient au loin et j'étais heureux sur un plan personnel, mais ça, j'essayais de le cacher à tout le monde.

Je n'ai pas besoin de te raconter en détail les années de guerre, on en a assez parlé. Nous avons travaillé jusqu'à l'épuisement, nous ne dormions jamais suffisamment, nous avions faim, froid, nous raclions ensemble ce que nous pouvions trouver et nous le donnions pour le front. J'aurais été un bon camarade si je n'avais pas cru autant porter la terre entière à bout de bras.

De nos soldats nous ne recevions que rarement des nouvelles, car beaucoup ne savaient pas écrire. La deuxième année il est arrivé une lettre que mon Bajnak avait lui-même rédigée. Il avait finalement appris quelque chose ! Mais ce n'était pas tout : dans son unité, il était le meilleur tireur et il avait été promu sous-officier. Le garçon était doué, mais ça on le savait depuis longtemps ! Car il faut être doué pour dresser des étalons quand on a dix ans et abattre des loups quand on en a treize ! Ces nouvelles m'enflammaient, et je commençais à compter les jours. Lorsqu'il est resté exactement mille jours, j'ai tracé dix fois cent traits au crayon sur une planche propre, j'ai placé la planche près de mon lit et, tous les soirs avant de me coucher, j'effaçais un trait. Tout en faisant cela, j'imaginais comment serait la vie avec mon fils, lorsque la guerre serait terminée.

Étrangement je lui souhaitais ce que je m'étais moi-même refusé : il devait se marier et habiter dans une grande yourte blanche. Peut-être que les années de guerre avec leur âpreté avaient brisé ma bêtise devenue maladie et qu'elle se décollait comme par bandes maintenant ? Peut-être que j'étais sur le chemin de la guérison ! Pourtant j'avais encore une peur folle du qu'en-dira-t-on. Mais ma fierté de père grandissait à chaque trait de crayon que j'effaçais.

En octobre 1943, notre secrétaire du Parti est mort d'une pneumonie. Il y a eu quelques changements parmi les dirigeants du district, et je suis devenu secrétaire du Parti. Un nouveau camarade, envoyé par les autorités de la province, est devenu président du Conseil de district. Il était jeune, discret, mais pouvait à l'occasion faire preuve d'une main de fer. Zeweg a été nommé suppléant et celui qui avait été jusque-là suppléant a été muté. Sur le moment j'ai été froissé d'apprendre que je devais abandonner mon poste. Il ne m'était jusqu'alors jamais venu à l'esprit que je pourrais un jour ne plus être président du Conseil de district. Mais dans un second temps, j'ai pensé que le Parti était tout. Et qui d'autre que moi les camarades dirigeants de la province auraient-ils dû choisir comme secrétaire du Parti ? C'était évident !

Je respectais en secret le nouveau camarade et j'essayais de le prendre pour modèle, mais je n'en laissais rien voir et, vu du dehors, j'étais le prédécesseur expérimenté, je le critiquais pour de petites choses, je lui donnais des renseignements, je lui glissais conseil sur conseil, comme le font les imbéciles.

Le 23 août 1945, j'étais en route pour rejoindre un troupeau de yacks — on avait dit qu'une épidémie s'y était déclarée — lorsque j'ai été rappelé par le président du Conseil de district. Tous les camarades dirigeants étaient rassemblés dans le bureau du président. Le président du Conseil de district est venu vers moi avec une feuille de papier à la main, il me l'a donnée en disant : “Les autres sont déjà au courant !” J'ai pris le papier, j'ai lu la première ligne et j'ai senti la peur en moi, je relisais, je relisais et je ne comprenais rien. Je ne sais plus ce que j'ai fait après ni non plus ce que j'ai dit. Sans doute que j'ai rendu la feuille au président du

Conseil de district et peut-être que je me suis assis. Devant moi tournaient des cercles rouges et verts, et dans cette ronde rouge et verte s'alignaient immobiles des lettres noires qui s'assemblaient pour signifier : *Bajnak en fuite… il rentre chez lui… l'arrêter… l'abattre si nécessaire…* Et par-dessus tout cela j'entendais distinctement la voix de Zeweg. Il fulminait : "Tous les autres sont sous la mitraille, versent leur sang, et le gaillard déserte ! Quelle honte ! Je le tuerai de mes propres mains, ce fils de chien !"

Dshaniwek se tut, il pressait sa tête entre ses deux mains. De son bonnet en peau d'agneau s'échappaient des cheveux aussi blancs que le poil des chèvres, ses doigts s'y agrippaient, ils pétrissaient les tempes et le front comme si cette peau vieillie devait encore être tannée.

Il se mit à neiger. Le vieux Dshaniwek continua son récit dans un murmure :

– On a formé un groupe dont j'ai dû prendre la tête ; en plus de Zeweg, il y avait quatre autres hommes. Chacun de nous a reçu un fusil neuf et trente cartouches, qui provenaient de l'arsenal du district. Ensuite on a procédé à des exercices de tir. Zeweg a commencé, il a tiré cinq cartouches sur un vieux poêle que l'on avait roulé jusqu'à la berge pour représenter la poitrine de Bajnak le déserteur. En un instant, la cible a été criblée de trous comme une passoire. Personne d'autre que Zeweg n'a tiré, nous étions convaincus de la fiabilité des fusils.

L'été a été long cette année-là, et début septembre la steppe était encore verte devant le chef-lieu de district. Les oiseaux migrateurs se sont attardés pendant un mois encore. Fin septembre seulement, les premières yourtes se sont installées dans la plaine d'Ag-Chem.

La guerre était terminée, on attendait le retour des soldats. Leurs chevaux avaient été attachés au piquet depuis déjà des semaines. Personne ne les avait montés quand nous avions changé d'endroit, les pères ou bien les frères des soldats les avait menés par la longe. À tout moment maintenant, quelqu'un pouvait s'écrier : "Ils arrivent !"

Pour attendre Bajnak, il n'y avait pas de cheval. Pour attendre Bajnak, six hommes armés étaient postés, ils attendaient jour et nuit, aux aguets avec des jumelles et des fusils chargés. Une punition assortie à sa faute l'attendait, peut-être même la mort. On ne savait rien encore du pourquoi de sa fuite.

La nuit, je ne pouvais pas dormir, je fixais l'obscurité et je voyais les grands yeux de Bajnak pleins de larmes. Le jour du départ des soldats était resté gravé dans ma mémoire. Ces cinq années avaient passé et elles avaient été comme cinq jours. Je voyais ses yeux pleins de larmes et, en pensée, je demandais : "Mon fils, pourquoi m'as-tu fait ça, pourquoi ?" Parfois je murmurais ces mots et, en entendant ma propre voix, je pleurais.

Au cours d'une de ces nuits sans sommeil — c'était dans la nuit du 29 au 30 septembre — il m'a semblé entendre un bruit devant la porte. J'ai tendu un peu plus l'oreille et je me suis dit que si c'était un chien, il allait s'éloigner doucement, car il n'y avait rien à manger devant la porte. Comme tout restait silencieux, j'ai alors cru que je m'étais trompé. Malgré tout, je me suis levé et j'ai écouté avec attention derrière la porte. Rien. Je n'arrivais pas à me recoucher, j'ai ouvert la porte, je suis sorti, et de peur j'ai poussé un léger cri. Un homme grand, large d'épaules, était adossé au mur. La nuit était sombre, mais mon cœur a reconnu cette silhouette, ce ne pouvait être que Bajnak. Au lieu de me précipiter dans la cabane pour aller chercher le fusil, je me suis élancé vers lui, je l'ai serré contre moi et, en sanglotant, je l'ai embrassé dans le cou, sur le visage et le front. Je pleurais de joie de n'être plus seul dans cette nuit noire et humide, je pleurais de joie à la pensée que cet homme grand à la belle carrure était mon fils, qu'il avait été plus fort que les mille montagnes, que les cent fleuves, que la mort qui le guettait à chaque pas de son chemin, et qu'il avait pu malgré tout rentrer dans son pays, dans son Altaï.

Lorsque je me suis dégagé de cette étreinte, il est resté devant moi sans bouger, l'air découragé, et il m'a demandé à voix basse : "Est-ce qu'on est au courant ici ?" Au lieu de répondre, je l'ai entraîné dans la cabane, j'ai fermé la porte à clé, j'ai allumé la lampe à huile et je suis allé chercher le plat de viande. Je ne sais quel bon génie m'avait inspiré, mais j'avais préparé la veille une grande quantité de viande. Je lui ai servi aussi du thé froid dans un bol. Tout cela s'est passé dans la précipitation.

La fenêtre n'avait pas de vitres ; à la place, c'était de la peau de veau tendue dont le poil avait été rasé. Debout devant le foyer, je réfléchissais à la suite des événements. Bajnak était déjà penché sur le plat de viande, il engloutissait de grosses bouchées et mastiquait comme un jeune chameau qui broie des touffes de kharagana. Il portait un *lawschak* en lambeaux bien trop petit pour lui. Je me demandais où il pouvait bien l'avoir volé, et, de penser à cela, mon cœur avait mal. Sa ceinture consistait en un morceau de vieux cuir qu'il avait probablement arraché à la longe d'un cheval. Les semelles de ses bottes étaient complètement usées et tenaient avec du fil de fer, les tiges, elles, étaient presque neuves. Sur la tête il portait un foulard d'où dépassaient ses cheveux qui avaient poussé, ils lui venaient sur le visage et arrivaient au col de son *law-schak*. Son visage maigre était bruni par le soleil, mais en même temps il renvoyait un reflet blême. Ses lèvres gercées saignaient quand il mangeait.

Plus Bajnak mastiquait lentement, plus j'étais inquiet. Ma joie s'était envolée. Au-dessus du lit était accroché le fusil; dans son canon, la mort, dans son magasin, quatre balles. J'avais jusqu'au lever du jour pour décider du sort de cet être humain qui avait commis un délit, mais qui ressemblait plutôt à l'homme affamé rentrant chez lui, tel le cheval qui a cherché l'écurie et l'a enfin retrouvée.

Bajnak était repu. J'étais resté debout et je lui ai dit: "Bon, alors?" Il a baissé la tête. J'ai trouvé dans mon coffre un paquet de *papirossy* et je le lui ai tendu. Bajnak, indécis, le tenait dans sa main qui tremblait. "La dernière fois que j'ai fumé, c'était il y a 49 jours. Je n'avais qu'un seul paquet sur moi." Puis il a ouvert le paquet, a allumé une *papirossa* à la flamme de la lampe à huile et s'est mis à fumer hâtivement. Il toussait et de grosses gouttes de sueur coulaient sur ses tempes.

Il a commencé à parler à voix basse: "En mars 1944, l'officier qui nous commandait a été muté à la frontière sud. Un nouvel officier est arrivé, il y avait une fille avec lui. Nous avons d'abord pensé que c'était sa fille, en fait c'était sa femme. Mais elle ne ressemblait pas à ces femmes d'officiers toutes pomponnées qui paradent dans les camps aux côtés de leur mari en donnant des ordres aux soldats. Elle était gentille avec nous tous et, d'emblée, elle a conquis le cœur de toute la troupe."

Nuit et jour, les soldats étaient entraînés au combat et ils étaient tellement exténués qu'ils s'effondraient littéralement de fatigue au cours des brèves pauses et s'endormaient sur-le-champ. Mais celui qui après ces exercices pouvait voir cette fille ou même échanger quelques mots avec elle, se sentait rasséréné. Sans doute que seul peut comprendre celui qui sait ce que signifie passer mille jours et mille nuits dans la steppe avec d'autres hommes, puis sentir soudain la présence d'une femme, là, tout près !

Tout d'un coup, le camp était devenu une sorte de foyer pour les soldats, quelque chose les soudait. Ils se racontaient leurs conversations avec la fille, ils répétaient ses mots et même ses gestes. Chacun voulait prouver aux autres que c'était justement en lui que cette fille avait le plus confiance. Beaucoup mentaient. Mais chacun écoutait les mensonges de l'autre avec exaltation pourvu que le nom de la fille y soit prononcé. Là-bas le printemps n'était pas comme ici, il y avait des tempêtes de sable, et souvent il était impossible de voir le ciel pendant des jours et des nuits. En été, le sable et la steppe s'embrasaient, et la pluie s'évaporait dans l'air avant même d'atteindre le sol. C'est à cette période que les soldats avaient encore plus le mal du pays et l'envie de parler de chez eux, des montagnes et des grands hivers blancs.

Cette fille était originaire de la Taïga et quand elle évoquait les grands lacs bleus, les étés verts et les rennes, ses yeux se remplissaient de larmes. Elle était orpheline et avait vécu chez de riches parents, c'était là où l'officier l'avait rencontrée, et il l'avait tout de suite prise avec lui. À présent elle désirait rentrer chez elle, mais elle avait peur de le dire à cet homme renfermé et lugubre. Si elle, ressemblait à un rayon de soleil, lui, était comme le nuage apportant l'ombre et le silence là où il apparaissait. Même les fortes têtes les plus indomptables avaient des sueurs froides devant lui. Il battait cette fille, et bien qu'elle n'en dise mot, les soldats le savaient. Il était jaloux de tous, mais surtout de Bajnak peut-être car, en tant que lieutenant, il était celui qui venait le plus souvent dans sa yourte.

Bajnak le méprisait pour toutes ces raisons, mais en même temps il le respectait, et le craignait à cause de son endurance surhumaine et de sa capacité à haïr l'ennemi. Il n'arborait pas de décorations ni ne fanfaronnait en évoquant son passé, mais les soldats savaient qu'il avait tué un grand nombre d'ennemis et qu'il avait été blessé quatre fois.

On était à la veille de jours décisifs. Le 3 août, cet officier a été convoqué à l'état-major d'où il est revenu le soir même. Dès la nuit, l'unité a commencé sa marche forcée vers l'est. Au petit matin, on avait couvert 280 km. La steppe grouillait de cavaliers, de chars et de voitures qui filaient ensemble en direction de l'est. À un moment, on a reçu l'ordre de s'arrêter et d'attendre jusqu'à la nuit. Tunsag — c'était le nom de cette fille — a chuchoté à Bajnak en passant près de lui que l'officier voulait se rendre au front sans elle et qu'il avait décidé de la laisser sur le chemin chez des parents à lui. Elle, voulait plutôt rejoindre la ville, et, de là, rentrer dans son pays. Elle a alors demandé à Bajnak de l'aider à réaliser ce projet. Avant qu'il ait pu répliquer un mot, elle s'était éloignée.

Le soir est arrivé, la colonne attendait le signal pour repartir. La steppe grondait, la lune brillait au bord du ciel. L'officier, Tunsag et Bajnak se trouvaient dans le même véhicule. Au dernier moment, juste avant le départ, Tunsag a demandé à redescendre. Rempli d'effroi, Bajnak l'a regardée sortir de la voiture et courir vers les proches buissons de kharagana. Il a palpé ses poches, faisant comme s'il avait oublié quelque chose, et il est descendu aussi.

Bajnak voulait rattraper Tunsag, car son projet était insensé. Mais lorsqu'il l'a retrouvée, blottie derrière un buisson, tel un minuscule oisillon, et qu'il l'a regardée dans les yeux, il a su qu'il devait l'aider. Il lui a mis son revolver dans la main et lui a conseillé de suivre toujours l'étoile polaire. Au lever du soleil, elle devrait jeter son arme. Le soir, elle aurait rejoint les hommes et les troupeaux. Elle l'a entourée de ses bras en sanglotant et lui a dit qu'elle ne l'oublierait jamais.

Lorsque Bajnak s'est retourné, l'officier était là, face à lui. Son poignard à la main, il s'est rué sur Bajnak et l'a jeté à terre ; en perdant l'équilibre, Bajnak a entendu Tunsag crier, et en même temps son regard est tombé sur le revolver de l'officier ; de sa main libre, il l'a tiré de l'étui et a pressé sur la détente. Le coup a retenti sourdement, mais l'homme ne s'est pas tout de suite affaissé sur le côté.

Bajnak s'est relevé et a demandé à Tunsag d'aller chercher les autres. Au lieu de l'écouter, elle lui a rendu le revolver et lui a dit qu'il devait fuir, car c'était sûr, il allait se faire abattre. Bajnak a hésité. L'officier s'est redressé avec peine et, tout en gémissant, l'a menacé : il le tuerait de ses propres mains dès qu'il serait à nouveau sur pied.

Bajnak était au terme de son récit : “Alors, je me suis mis à courir. La lune avait disparu. Je me suis orienté en suivant l'étoile polaire et j'ai continué à courir jusqu'à l'aube. Puis, exténué, je me suis enfoui dans le sable sous un buisson.” Il s’est tu et il a allumé une autre *papirossa.*

Cela s’était donc passé ainsi ! J’étais soulagé puisqu’il n’avait tué personne. Mais au même instant je pensais qu’il avait déserté en temps de guerre. Cela suffisait pour être fusillé. J’ai dit à Bajnak : “Cet officier était un salaud. Il voulait seulement te faire peur, et tu aurais dû te dominer. Maintenant ça va être difficile de t’en sortir !” Bajnak m’a répondu en soupirant : “Je sais, il ne faut pas que je leur tombe entre les mains.” Alors j’ai répliqué, implacable : “Non ! Tu vas rester ici. J’ai reçu du Parti l’ordre de t’arrêter...” Bajnak était déjà debout, il allait à la porte. J’ai arraché le fusil du mur, je l’ai braqué sur sa poitrine et j’ai crié : “... et si c’est nécessaire, vous tirez !” »

Le vieux Dshaniwek avait vraiment crié ces dernières paroles, et maintenant la voix lui manquait. Il fixait le feu, et dans ses yeux brillait une toute petite larme claire. Là, c’est sûr, il a appuyé sur la détente, pensais-je, et j’espérais qu’il ne me raconterait pas la suite.

– Il neige, dis-je.

Mais Dshaniwek ne m’entendait pas, il continuait :

– Soudain, j’ai revu devant moi le poêle criblé de balles et j’ai été incapable de presser sur la détente. Bajnak se tenait face à moi, livide. Il me parlait pardessus le canon du fusil : “Père, est-ce que tu sais que la route a été terrible ? Je me cachais le jour, je marchais la nuit. 72 jours et 72 nuits. Et les jours étaient si longs. Parfois je me glissais dans une fente de rocher, et la pierre était si dure, parfois je m’allongeais dans un creux, dans le sable, et la terre était si chaude. La nuit, quand les étoiles étaient cachées par les nuages ou que les montagnes barraient la course du vent du Nord, je pensais que je n'y arriverais pas. Si tu savais combien j'étais heureux en revoyant mon ciel, mes montagnes et ma steppe et en me retrouvant devant toi ! Même si j'ai pensé que tu pourrais me maudire, et me frapper, et me livrer, je suis venu chez toi, car tu es la seule personne que j'aie au monde. Je voulais revoir la tombe de ma mère, m'asseoir tout près et respirer l'odeur maternelle. Je voulais parcourir mes montagnes, regarder la steppe d'en haut, grimper derrière les chèvres, entendre siffler les marmottes, manger encore de leur viande jusqu'à en être repu. Je voulais passer la nuit dans l'herbe, savourer la rosée du matin et lire dans les étoiles, je voulais surprendre dès mon réveil le chant des oiseaux, me rouler dans l'herbe, bondir et aller chercher de l'eau au ruisseau avec le chaudron. Je voulais être trempé par la pluie de l'été pour me laisser ensuite sécher au soleil sur la terre fumante, je voulais être plongé dans la tempête de neige de l'hiver et attendre heureux le réveil du printemps. Je n'ai tué personne, je ne suis pas un traître, j'ai commis une faute, mais c'était en pensant faire du bien à un autre être humain. J'ai fui parce que je voulais vivre." Il ne pouvait plus parler, il pleurait.

Deux forces me tiraillaient, le devoir et mon fils. C'est mon fils qui a gagné. J'ai mis mon arme de côté, j'ai pris Bajnak dans mes bras et je lui ai murmuré : "Va-t'en et continue de vivre ! Mais tu n'en réchapperas pas, mon lièvre gris !" Et il est parti.

Les soldats sont rentrés dans leur foyer, il y a eu de grandes fêtes. Pendant longtemps la neige n'est pas tombée. Mais, un matin, la terre a été blanche de gelée. Toute la journée il a soufflé un vent jaune et chaud qui venait du nord-ouest, et l'on pouvait voir au loin, très loin.

Tous les messagers arrivaient en apportant une note du chef-lieu de province. Tout le monde s'impatientait. On prétendait avoir aperçu Bajnak en de nombreux endroits, mais ce n'était jamais vrai. Certains pensaient qu'il était mort, car aucun être humain ne pouvait parcourir à pied une si longue distance : il aurait fallu un mois au moins avec des douzaines de chevaux. D'autres, en revanche, ne croyaient pas qu'il allait rentrer chez lui, mais pensaient plutôt qu'il chercherait des coins où personne ne le connaissait. Je ne disais rien, je déambulais avec ma mauvaise conscience, car c'était la première fois que je trompais mon Parti.

Je regardais les montagnes recouvertes de leur calotte de glace et j'essayais d'imaginer où pouvait bien être mon Bajnak. Je pensais à lui avec un amour vibrant qui me rachetait, parfois aussi j'éprouvais de la haine envers lui parce que, par sa faute, j'avais été forcé de mentir. Mais cette haine ne suffisait pas à me donner la force de le tuer.

À la mi-novembre, j'ai été convoqué au chef-lieu de province. Je ne poussais plus mon cheval au rythme infernal qui est celui de la plupart des cadres de l'État, de même que je ne rembarrais plus les cuisiniers des haltes et les palefreniers pour les forcer au respect. Je n'en avais aucune envie et je me rendais compte que j'étais devenu un autre homme. Je me repentais du passé et je redoutais l'avenir.

Au chef-lieu de province, ils m'ont demandé pourquoi nous n'avions pas encore mis la main sur Bajnak. Je leur ai dit : “Puisqu'il n'est pas ici, nous ne pouvons pas mettre la main sur lui” et j'avais honte de parler ainsi. Le camarade m'a répondu qu'ils savaient de source sûre qu'il était là. Le rapport provenait de notre district. Après m'avoir donné un délai de trois semaines, le camarade m'a congédié en disant: "Camarade, si vous n'étiez pas vous-même à la tête du groupe, nous croirions que vous et vous hommes, vous refusez de le livrer." Ils s'en remettaient complètement à moi et cela me rendait encore plus honteux.

Je regardais les grandes bâtisses de pierre et leurs cheminées fumantes; moi, je me sentais vieux et fatigué. Je pensais tristement: "Mon fils, cette époque n'était-elle donc pas pour toi?"

Lorsque je suis rentré chez moi, j'ai trouvé la montagne et la steppe enneigées. En voyant que les montagnes étaient blanches, j'ai eu peur qu'il ne soit peut-être déjà mort de froid dans son *lawschak* si mince, et à cette pensée mes yeux se sont remplis de larmes. Même si tu arrives à surmonter le froid, tu ne pourras pas en réchapper!

Dès le lendemain, un groupe de six hommes du chef-lieu de district partait pour traquer Bajnak. Du nord au sud, nous devions passer les montagnes au peigne fin. Il avait fortement neigé, et le vent ne s'était pas levé de sorte qu'il était facile de suivre les traces. Le ciel était haut et bleu. Il faisait froid, l'air était transparent. À la jumelle on distinguait des renards qui se trouvaient à une demi-journée de route.

À part moi, personne ne croyait à cette information "de source sûre", moins que tout autre Zeweg qui grommelait: "Tout cela n'est que sornettes! Ce fils de chien a déjà crevé dans un coin depuis longtemps!" Il se faisait du souci pour son troupeau. Sa femme de *koulak* était seule au foyer.

Nous n'avions le droit de faire feu sur rien d'autre et cela agaçait la plupart des hommes. Ils parlaient peu et fixaient d'un regard plein d'ennui les montagnes toutes blanches. J'étais le seul à chercher et à croire que nous trouverions Bajnak.

Le soir, nous sommes arrivés au campement d'un vieil ermite sourd-muet qui habitait depuis 40 ans dans une grotte. Les hautes instances populaires lui avaient proposé de l'argent et une cabane dans le chef-lieu de district. Il avait accepté l'argent, mais ne voulait pas entendre parler de la cabane. Il préférait rester dans sa grotte et vivre de la chasse. De son pouce Zeweg s'est d'abord désigné, puis il a étendu son petit doigt, après il a passé son index au-dessus de la lèvre supérieure, l'a porté à son œil et a fait un geste interrogateur. Cela signifiait: "As-tu vu mon fils?" Le sourd-muet a secoué la tête.

Trois d'entre nous ont passé la nuit dans la grotte. Je me suis installé dehors avec deux camarades plus jeunes et le sourd-muet. Comme il était chaudement vêtu, il avait insisté pour se joindre à nous. C'était une nuit brillante et froide. Tout crépitait et craquait sous les rochers. Je n'ai pas dormi. Les deux autres ont mal dormi aussi, il faisait trop froid, c'était une nuit de novembre entre neige et étoiles. Sur l'oreiller mes larmes se figeaient en billes de glace. Seul le sourd-muet a pu dormir profondément. Vers le matin, un vent d'ouest cinglant s'est levé.

La dernière nuit, nous l'avons passée sous la tente d'un gardien de troupeaux de chevaux. Lui non plus n'avait pas vu de Bajnak ni aperçu une quelconque trace. Dans la nuit, l'un de nous s'est levé pour faire du feu. Nous avions passé au peigne fin les montagnes Noires, les gorges des Trembles, Bajan, Taldag et Bulutug et nous n'avions trouvé aucune trace. Les murmures de mécontentement allaient croissant, quelques-uns insistaient même pour rentrer, mais je leur ai dit : “Tant que nous n’aurons pas battu les montagnes jusqu’au recoin le plus au sud, nous ne rentrerons pas.” L’un des hommes, horrifié, s’est exclamé : “Mais pour cela, nous avons besoin d’au moins 10 jours !” J’ai crié : “Nous avons 20 jours !” Penser que Bajnak pouvait déjà être mort de froid, était pour moi insupportable. J’étais réellement à sa recherche et je voulais le mettre à l’abri avant que ne s’installe le vrai froid de l’hiver. Peut-être qu’on ne le fusillerait pas !

J’exigeais beaucoup de mes hommes. Répartis à égale distance les uns des autres sur le flanc de la montagne, nous chevauchions à un rythme d’escargot et nous scrutions le terrain à droite et à gauche. Un lièvre n’aurait pas pu nous échapper. Sans ordre exprès il était interdit de tirer, et l’ordre de tirer ne valait que si Bajnak se défendait. Les hommes étaient calmes, personne n’osait plus me contredire mais les visages montraient clairement que personne ne croyait à un possible succès.

Nous avancions en direction des Besch-Bogda. Le vent nous glaçait les os. J’étais comme fou et je haïssais ces hommes, non parce qu’ils voulaient abattre mon fils, mais parce qu’ils ne le trouvaient pas. Je haïssais aussi Bajnak de vouloir mourir de froid avant que je ne le découvre. Même la peine de mort me semblait moins terrible que le châtiment par le froid. J’avais des remords de l’avoir laissé repartir la dernière fois sans lui donner au moins des vêtements chauds.

Au cours du quatrième jour des recherches, vers midi, l’homme qui chevauchait tout en bas a crié : “Eh, ici !” J’étais le deuxième en partant du haut, mais j’ai été le premier auprès de lui. Mon cheval avait dévalé à grand fracas, comme sur des patins à glace, la pente escarpée complètement gelée. J'ai vu des traces de semelles grossièrement réparées, et mon cœur était bien près de bondir hors de ma poitrine. Il vit ! J'étais submergé par la joie, mais tout aussitôt Bajnak m'est apparu comme le lièvre gris du conte, traqué jusqu'au dernier pic de rocher et il m'a fait pitié. Mon lièvre gris, c'est en pure perte que tu auras attendu plein de bonheur le réveil du printemps !

Les traces étaient fraîches, probablement du jour précédent. Elles menaient de la montagne à la steppe et étaient visibles au loin. Les hommes les contemplaient, ébahis, et maintenant qu'ils étaient si près du but, on lisait sur leur visage, et la peur, et la joie.

Nous avons lancé les chevaux à fond de train, et en un instant ils étaient tout blancs, couverts d'une couche de glace qui crépitait et craquetait. On ne force pas les chevaux à ce rythme en plein hiver. Certains ont pu croire que la soif de tuer me poussait à faire galoper à cette allure folle ; d'où sans doute les racontars qu'il y a eu par la suite.

La trace continuait par Ak-Chem, Chara-Chöl et Orugtug. À Orugtug, le chemin n'était pas bon du tout, les chevaux avançaient à la queue leu leu, d'un trot cahoteux. Je me creusais la tête à essayer de comprendre pourquoi Bajnak avait choisi cette longue route. Qu'il veuille se protéger du froid grandissant ne pouvait pas en être la raison, car il n'y avait nulle part ailleurs autant d'abris que dans les montagnes du nord. Peut-être qu'il n'avait plus de vivres, mais alors il aurait dû se diriger vers les coins où se trouvaient les hommes et les bêtes. Or, les traces de pas conduisaient à une région reculée où seuls les gardiens de troupeaux de chevaux passaient le début de l'hiver avec les animaux.

J'ai soudain compris que Bajnak nous avait vus. Le ciel était chaque jour plus bleu, et six hommes à cheval étaient facilement repérables sur la neige blanche. Il nous avait découverts le jour précédent et, dans la nuit, il avait fui par la steppe. C'était une tentative désespérée.

Derrière Orugtug, les traces remontaient le long d'une pente abrupte en direction de Chara-Adar. Le sommet et les versants de Chara-Adar étaient comme enduits de porcelaine blanche liquide. Mais l'étroite vallée montrait des centaines de plaques sombres, petites et grandes, là où les troupeaux de chevaux avaient brouté. Le couloir s'étirait, vide et abandonné. Les troupeaux étaient partis ailleurs quelques jours après l'arrivée de la neige, mais les chevaux avaient gratté presque toute la croûte neigeuse jusqu'à la terre et, de leurs piétinements, tassé en glace ce qu'il restait de neige. On ne voyait plus les traces de Bajnak, mais nous n'en avions déjà plus besoin.

La vallée était de plus en plus étroite et escarpée. Les deux versants ressemblaient à deux épais murs de glace et le ciel au-dessus n'était qu'une mince bande bleue. C'est là, au bout de ce couloir, que nous avons aperçu Bajnak. Mais il continuait à courir sans se soucier de nos appels et il a disparu derrière un petit rocher. Nous ne pouvions pas faire avancer les chevaux plus vite. Tous les visages étaient blêmes, Zeweg a commencé à se plaindre de maux de ventre et il est resté un peu en arrière. La sortie était devant nous et, au-delà, des rochers s'élançaient vers le ciel, à la verticale. Ils étaient recouverts de neige glacée. Seuls quelques pics, taches sombres, se détachaient de tout ce blanc.

Bajnak n'arrêtait pas sa course, il sautait sur la croûte de neige gelée et continuait à courir à quatre pattes. Il courait et grimpait, tombait sur le ventre, glissait en arrière, s'agrippait, grimpait et continuait à avancer. Je lui ai crié : "Bajnak, arrête, c'est de la folie ! Tu vas tomber et te rompre le cou." Mais il n'abandonnait pas et continuait à grimper. J'ai donné l'ordre de faire feu pour lui couper le chemin. L'étroit espace entre les parois rocheuses s'est empli de grondements pareils au tonnerre — même la neige et la pierre paraissaient trembler. Bajnak, la tête rentrée dans les épaules, progressait toujours sur la surface gelée, il se remettait à ramper dès que les coups de feu se taisaient. Pour la seconde fois, j'ai crié : "Rebrousse chemin, Bajnak ! On ne te fusillera pas ! Nous nous portons garants pour toi !" Ma voix ne suivait plus, et je ne pensais pas que mes appels étaient absurdes.

C'était un supplice de le voir ramper encore et encore. À tout moment, il pouvait dégringoler, et alors il n'y aurait eu ni dieu ni médecin pour récupérer ses restes. Enfin, il a atteint un de ces pics qui dressaient leur silhouette sombre et a disparu là derrière. La vallée baignait depuis longtemps dans l'ombre.

Le vent est tombé et le soir est arrivé. Les chevaux et les cavaliers tremblaient de froid. Nous avons décidé de faire du feu, mais le crottin des chevaux était gelé, dur comme de la pierre et complètement pris dans la neige. J'ai envoyé trois hommes en arrière, là où avait campé le gardien des troupeaux de chevaux.

Pendant ce temps, Bajnak avait commencé à travailler dans sa cachette. Avec une pierre il tapait contre le roc, la glace s'effritait. Nous pensions qu'il essayait de lutter contre le froid.

Les trois hommes ne sont revenus qu'à la nuit. Dans le campement abandonné ils n'avaient pu trouver qu'un piquet. Nous l'avons fait éclater en copeaux et nous avons fait du feu. À minuit seulement, le crottin gelé était enfin assez sec pour pouvoir être enflammé. L'un d'entre nous devait constamment brasser l'air devant le feu et quand il avait trop mal aux bras, un autre le remplaçait.

La nuit a été froide et longue. Nous n'avions pas attaché les chevaux afin qu'ils puissent bouger à leur aise. Mais ils restaient sur place en tremblant. Un des hommes les a tirés par les rênes et les a fait aller et venir pour qu'ils ne meurent pas de froid. Entre-temps la neige avait fondu dans la marmite, et l'eau commençait à bouillir. Nous avions découpé les derniers gigots d'agneau en tranches fines.

Ce n'était pas l'atmosphère normale d'un feu de camp. Les hommes se taisaient, aux aguets, à peine si l'un d'eux glissait parfois un mot. L'étroite vallée était sombre, au-dessus d'elle s'étirait un sillon de lumière. Il provenait du ciel étoilé sans nuages et de la lueur de la neige. La lune, elle, s'est levée tard.

Bajnak travaillait sans s'arrêter. C'était sinistre à entendre, et je ne pouvais que penser à la marmotte qui continue de creuser jusqu'à ne plus avoir que des moignons ensanglantés.

Enfin, nous avons commencé à manger. Nous avons laissé la marmite sur le feu et nous pêchions les tranches de viande à la main. Nos doigts n'étaient plus sensibles à la chaleur. Un des hommes a crié : "Bajnak, veux-tu un morceau de viande ?" Un proverbe dit que la viande fait le loup. Bajnak s'est arrêté de travailler. Le même homme a ajouté : "Viens, approche-toi un peu, nous ne pouvons pas te lancer quelque chose aussi loin !" Au bout d'un moment, Bajnak a répondu : "Quand vous partirez demain, vous pourriez m'en laisser un morceau bien gras au chaud." Sa voix sonnait comme une prière. C'est alors que Zeweg a pris la parole : "Camarade Bajnak, nous ne partirons pas d'ici ! Tu as le temps jusqu'au lever du soleil !" Bajnak a crié en retour : "Camarade père, à toi et à tes hommes, je vous dis la même chose ! Préparez-vous déjà à l'idée que vous allez déguerpir !" Nous nous sommes regardés en silence, à la lueur de la lune tous les visages paraissaient blafards.

Bajnak travaillait avec encore plus de précipitation comme s'il voulait rattraper le temps perdu. Le peu de viande et le bouillon ne nous avait pas réchauffés, mais le matin approchait.

Quand il a fait jour, nous avons vu que Bajnak avait démoli toute la pointe du rocher. Les blocs de pierre étaient empilés, formant un mur en arc de cercle. Derrière, il y avait une colline de morceaux de glace. J'ai demandé aux hommes leur avis. Zeweg a dit qu'une moitié du groupe pouvait rester là et monter la garde tandis que les autres rentreraient au chef-lieu de district, informeraient le chef-lieu de province et ramèneraient des vêtements chauds, des vivres, du bois à brûler et une tente. Le plus jeune du groupe estimait que c'était là ne pas aller droit au but. Il a proposé que l'un de nous, couvert par le feu des autres, monte à la poursuite de Bajnak. Les points de vue étaient partagés, et on attendait que je tranche : assaut ou repli. Je réfléchissais, je n'étais pas sûr que Bajnak tirerait. Je pouvais encore moins croire qu'il tirerait sur son père ou sur quelqu'un de chez lui.

C'est alors que Bajnak a crié : "Le soleil est levé. C'est mon dernier avertissement. Je compte jusqu'à dix. Un, deux..." Nous nous sommes regardés et j'ai pensé : Il est complètement acculé, cette menace est une dernière tentative désespérée. Bien sûr qu'il était affamé et j'ai repensé alors au morceau de viande bien grasse qu'il nous avait demandé. J'ai regardé le ciel, il était indiciblement vaste.

"… sept, huit, neuf, dix." La pierre la plus élevée a basculé, dégringolé du mur en arc de cercle et roulé avec fracas dans notre direction. C'est là que j'ai enfin compris ce qu'il avait en tête. J'étais fou furieux et j'ai hurlé : "Bajnak, arrête ces imbécillités ! Tu vas tuer des tas de gens !" Il ne s'en était fallu que d'un cheveu, le rocher avait failli atteindre son but ! Les hommes et les chevaux se sont dispersés en tous sens, on entendait des cris et des hennissements, le bloc a continué à rebondir tout le long de l'étroite vallée en cognant sur dix à vingt autres pierres, c'était un énorme vacarme comme si le ciel et la terre allaient éclater. J'ai donné l'ordre de tirer. Un coup de feu a claqué ça et là, mais déjà d'autres rochers dévalaient, il ne nous restait plus que la fuite. Je hurlais de fureur, je tombais et retombais violemment et, à chaque chute, je pensais que j'avais été touché. Un cheval, blessé par une pierre de la taille d'un chaudron, s'est écroulé, et la neige autour de lui s'est teintée de rouge.

J'exécrais Bajnak, j'aurais pu le tuer. Mais je fuyais ; devant moi fuyaient les autres et devant nous fuyaient les chevaux épouvantés. Les blocs de rocher et de glace volaient de tous côtés derrière nous, nous rattrapaient, nous dépassaient, comme si une violente avalanche dévalait sur nous.

Au bout du couloir rocheux, nous nous sommes retournés vers la gauche et nous nous sommes arrêtés, haletants. Il s'est écoulé un long moment avant que l'un de nous retrouve la parole et dise : "Ça alors !" Tous s'étonnaient de s'en être sortis vivants. Le cheval mis à part, nous étions tous indemnes, mais meurtris.

J'écumais de rage et j'ai hurlé: “À cheval!” Les animaux se tenaient un peu à l'écart, encore nerveux et terrorisés. Les hommes m'ont demandé: “Où allons-nous?” Agacé, je leur ai crié: “Où donc, tiens! Chez nous peut-être, voir nos femmes!” Ils m'ont obéi sans rien dire. Celui dont le cheval avait été abattu était un petit vieux tout sec, du nom de Borwa; il s'est mis en selle derrière un camarade plus jeune.

Je jurais en mon for intérieur: “Misérable fripouille! Je vais grimper à tes trousses même si je dois m'estropier. Je te capturerai de mes propres mains ou je t'abattrai!” Je haïssais Bajnak comme je n'avais encore jamais haï personne. Il n'était plus digne de ma confiance.

Nous sommes revenus à cheval dans le couloir rocheux; tandis que nous regardions le sommet abrupt au-dessus de nos têtes, Zeweg a dit: “Est-ce qu'il ne serait pas préférable de feinter et de choisir ma solution?” Les autres se taisaient. J'ai dit hargneusement: “Je vais grimper à ses trousses. Je veux bien que vous restiez en bas; vous vous mettrez à l'abri s'il trouve autre chose pour vous bombarder.” Mais je présumais qu'il n'aurait plus rien à nous lancer.

Nous avons remonté le chemin en silence. Zeweg ne se plaignait plus de maux de ventre, mais il chevauchait en dernière position, il me dégoûtait. C'est pourquoi je voulais d'autant plus afficher ma détermination. Il faudrait beaucoup de courage pour grimper sur cette couche de glace à la poursuite d'un homme armé afin de le neutraliser. J'étais comme possédé, soudain la pensée du roi détruisant sa propre nichée m'a glacé d'effroi. Je commençais à être moins sûr de moi. Peut-être que Bajnak avait encore des blocs de rocher et de glace qu'il ferait dévaler sur nous. Je le souhaitais presque, car il aurait alors mieux valu ne pas monter à ses trousses.

Nous sommes arrivés au pic derrière lequel Bajnak s'était caché. Il ne restait plus rien du tas de blocs de pierres et de glace. Quelqu'un s'est écrié avec soulagement : "Il a flambé toutes ses réserves !" À peine avait-il prononcé ces mots que nous avons vu Bajnak à cinq pas de nous, le pistolet au poing. Nous nous sommes arrêtés, effrayés. J'ai pensé : "Mon fils, c'en est fini maintenant de moi et de toi !" Ma fureur était loin, mon courage envolé. Seule la pitié était restée, à laquelle se mêlait quelque chose comme de la fierté. Bajnak avait l'air d'un sauvage, il ne ressemblait plus à un mortel. Son visage était blême, ses traits encore plus accusés, ses cheveux noirs en broussaille descendaient en un flot brillant jusqu'à ses épaules, sa bouche était barbouillée de sang, sa poitrine paraissait encore plus large. Ses bottes grossièrement réparées avec du fil de fer et son vieux *ton* rapiécé en mille endroits lui allaient aussi bien qu'une tenue de fête. Une perdrix des neiges, telle une parure étrange, pendait à sa ceinture, deux gouttes de sang figées en glace perlaient au cou de l'animal, pareilles à des grains de verre rouge.

Il a commencé à parler : "Frères, restez en selle, tenez-vous tranquilles et écoutez-moi bien !" Son pistolet était braqué sur nous. Nous, nous avions nos fusils en bandoulière. Il a continué : "Maintenant je vais compter jusqu'à trois et vous laisserez tomber vos armes à terre. Pendant ce temps votre main gauche va rester sur la bride. Et n'essayez pas de ruser, je ne manque pas mes cibles ! Bon : un !" Il a attendu. Les hommes se tenaient en selle, pâles et raides, leurs regards étaient tournés vers moi. "Deux !" Zeweg s'est débarrassé de son fusil, les autres l'ont imité, je me suis exécuté en dernier. Puis Bajnak a ordonné : “Maintenant, la cartouchière du ceinturon !” Il a baissé le bras qui tenait le pistolet et a dit à voix basse : “Faites un peu reculer les chevaux !” Nous avons obéi.

Il a retiré les cartouches des fusils et les a jetées en tas avec les armes. Ensuite il a pris un des fusils à deux mains par le canon et s’est mis à parler en restant penché en avant : “Je ne suis pas fou, je suis simplement affamé. Je n’ai rien mangé depuis trois jours. Vous m’avez pourchassé plus cruellement que le loup le fait avec sa victime. Vous ne m’avez pas laissé une bouchée de viande. J’ai visé cet oiseau gros comme le poing avec une fébrilité que je n’avais jamais eue, même pas pour un ours. Je l’ai attrapé au vol et j’ai sucé son sang. Et je l’aurais mangé cru si vous n’étiez pas revenus. Vous savez ce que c’est que la faim qui brûle le cerveau et les entrailles ?” Ces derniers mots, il les avait criés, ses yeux roulaient dans son visage grimaçant.

Puis, tenant toujours le fusil par le canon, il est allé vers un rocher pointu et a frappé la crosse contre le roc pour la faire voler en éclats. Il a rassemblé les débris en un petit tas, a ouvert une cartouche de ses dents, a versé la poudre sur les copeaux et allumé un feu qui a pris aussitôt. Il a plumé avec précipitation la perdrix des neiges, puis l’a tenue au-dessus la flamme. Il ne nous regardait plus depuis longtemps et il était tellement absorbé qu’il n’aurait pas vu l’un de nous s’approcher de lui. Mais en cet instant, aucun de nous ne pensait à porter la main sur lui, nous ne pouvions que le regarder avec étonnement. La peur s’était envolée, et la crainte de la loi ne se faisait pas encore sentir.

Bajnak a pris le minuscule oiseau à deux mains, a soufflé dessus, puis a mordu dedans. Il mastiquait hâtivement et recrachait les petits os. En un éclair, l’oiseau a été dévoré. Pour finir, il a mis une poignée de neige dans sa bouche. Puis il nous a regardés en disant : "Pardonnez-moi d'avoir mis votre vie en danger. Je ne veux rien vous faire, à aucun de vous, mais je veux vivre aussi longtemps que je le pourrai. C'est la nécessité qui pousse quelqu'un à devenir voleur, peut-être même criminel. Ce vieux *ton*, je l'ai pris pour ne pas mourir de froid. Mais ensuite, en guise de dédommagement, j'ai déposé deux peaux de renard devant la yourte de son propriétaire qui est un vieil homme pauvre. J'aimerais bien lui apporter d'autres choses encore, car pour moi le *ton* a plus de prix que toute richesse. Mais je suis forcé de me glisser comme un voleur, et alors il se peut que je vole à nouveau quelque chose, par exemple une paire de bottes touvas, car mes bottes de l'armée ne peuvent pas résister à l'hiver de l'Altaï. Frère Borwa aux cheveux blancs, pardonne-moi d'avoir tué ton cheval. Toute ma vie, je saurai que j'ai une dette envers toi. Et toi, frère, dont j'ai brisé le fusil, pardonne-moi aussi. Mais tu ne sais pas ce que peut représenter une bouchée de viande brûlante. Frères, père, vous tous, pardonnez-moi de vous avoir pris vos cartouches. Grâce à elles, j'essaierai de vivre et de payer mes dettes de mon mieux. Tous les loups sur les traces desquels je tomberai mourront. Puisse mon peuple, que je prive de mes forces et à qui je ne fais que causer des ennuis, me pardonner ! En tout cas, je vais essayer d'adoucir ce qui lui est pénible. Je nettoie chaque chemin, chaque sentier sur lequel je passe, je consolide les cabanes abandonnées et les abris des bêtes, je remets en état les vieilles fontaines et j'aide les bergers et leurs troupeaux à trouver de bons pacages."

Il avait commencé à parler avec calme, puis il s'était laissé emporter par la passion, et les larmes lui étaient venues aux yeux. Moi aussi, je pleurais, j'avais oublié tout danger, j'étais fier de ce beau jeune homme qui voulait vivre à tout prix et je désirais qu'il vive ô combien longtemps.

C'était un beau matin ; tout en haut au-dessus de la vallée, le ciel étendait sa voûte pareille à de la soie bleu foncé, et malgré le froid on sentait sur sa peau respirer le soleil comme la promesse du printemps qui approchait.

Bajnak a pris un fusil dans le tas, il l'a mis à l'épaule et il a bouclé autour de sa taille deux cartouchières garnies. Puis il nous a dit : "Peut-être qu'un jour ma mort arrivera précisément par le canon d'un de ces fusils que je vous rends aujourd'hui !" Ensuite il nous a apporté les armes vidées de leurs munitions, et les cartouchières. Nous étions toujours muets, comme depuis le début. Le fusil brisé était à Zeweg ; il se tenait tout en arrière, sa main a tremblé en attrapant le canon nu de l'arme.

Bajnak, telle une statue, nous regardait partir. Nous nous étions déjà un peu éloignés quand il a crié : "Frères, père, pardonnez-moi, je ne peux plus faire marche arrière !" Le vieux Borwa a soupiré : "Le gamin est perdu." Zeweg a ajouté : "Nous aussi, nous sommes perdus." Je ne sais pas si un seul mot a été prononcé sur le chemin du retour.

Vers minuit, nous sommes arrivés au chef-lieu. Le lendemain on m'a emmené à l'hôpital. J'avais une pneumonie. Je suis resté sans connaissance pendant cinq à six jours. Par la suite, mon voisin de lit m'a raconté que, jour et nuit, j'avais parlé de Bajnak comme de mon fils.

De la pneumonie j'ai vite guéri, mais c'était le cœur qui n'allait pas. Le médecin m'a conseillé de ne plus penser à rien. Mais est-ce qu'un jour les médecins trouveront un remède contre les pensées ?

L'hiver a été long. L'hôpital n'avait qu'une chambre avec huit lits et seulement deux soignants, le médecin assistant et l'infirmière. À cette époque-là, les gens n'étaient pas encore très familiarisés avec l'hôpital. La plupart du temps, nous étions à trois ou quatre dans la chambre. On n'amenait ici que ceux qui étaient gravement malades. Ils mouraient ou guérissaient, en fait personne n'est resté aussi longtemps que moi. Il y a eu huit morts à l'hôpital au cours de cet hiver-là, parmi eux, quatre jeunes mères et deux petits garçons.

Le souvenir de l'un des deux restera gravé dans ma mémoire. Il avait sept ans et voulait devenir chasseur, un chasseur aussi exceptionnel que son beau et grand frère de la montagne. On lui demandait : "Qui est ton beau et grand frère de la montagne ?" Le garçonnet répondait qu'il ne pouvait dévoiler cela à personne. Mais il en revenait toujours à son beau et grand frère de la montagne. Son état de santé a empiré, et, un matin de neige, il est mort. Il avait lutté toute la nuit. Il avait voulu savoir s'il neigeait aussi sur la montagne. Je suis sorti pour qu'il ne voie pas que je pleurais. Il neigeait vraiment sur la montagne. Lorsque l'enfant a entendu cela, il a dit : "Alors, mon beau et grand frère de la montagne…" puis il est resté silencieux. Ce n'est que vers midi que nous nous sommes rendu compte qu'il était mort.

Les malades parlaient de leurs parents, de leur mari, de leur femme, de leurs bêtes qui devaient bientôt faire des petits et de leurs semblables, des bons et des mauvais. Ils se faisaient du souci pour leur famille, étaient heureux à l'idée de retrouver leur foyer. Je n'avais pas de foyer dont la pensée aurait pu me rendre heureux, quant à mon travail, je n'étais pas non plus heureux à l'idée de le reprendre. Et je ne pouvais souffler mot à personne de mes soucis. On parlait aussi de Bajnak, mais seulement quand je dormais ou que je n'étais pas dans la chambre. Parfois je faisais semblant de somnoler des heures durant de façon à pouvoir apprendre les nouvelles les plus importantes.

Le lendemain de notre expédition ratée, une équipe d'agents de la Sûreté nationale était arrivée. Ils avaient fouillé les montagnes vers la Chine, mais au bout de deux semaines, ils étaient rentrés bredouilles au chef-lieu de province — pas de trace de Bajnak.

On admirait Bajnak et on avait pitié de lui. Schinak, un homme de mon âge, surnommé *Belle cuite* à cause de son foie malade, a raconté qu'il avait amené régulièrement du tabac, du sel, du thé et du fromage blanc séché à Bajnak. Vers la fin de l'hiver, on a dit qu'on était venu le chercher.

Parfois, j'avais de la visite, des cadres du district. C'est vrai que j'ai alors remarqué qu'ils me disaient "Camarade Dshaniwek" et non "Camarade chef" ou "Camarade secrétaire du Parti" comme avant. Je ne m'en suis pas vexé, mais je l'ai remarqué. Un jour, le président du Conseil de district est venu me voir. Il m'a dit que diverses tâches m'attendaient et m'a souhaité une prompte guérison.

Le 12 avril, je suis sorti de l'hôpital. J'ai passé une longue journée et une longue nuit dans ma cabane. Le lendemain, je suis allé à mon travail, et l'après-midi, il y a eu une réunion du Comité directeur du Parti. Un représentant des autorités de la province était présent. Thème du jour : le cas Dshaniwek. Tous savaient ce que j'avais raconté pendant les accès de fièvre. Par surcroît, Zeweg m'a accusé d'avoir conduit intentionnellement le groupe d'hommes à Bajnak et de lui avoir donné le fusil. J'ai raconté comment tout s'était passé, j'ai évoqué aussi la visite nocturne de Bajnak, mais j'ai rejeté l'accusation de Zeweg. En pleine réunion, Galsan le blême s'est rué dans la pièce en criant : "J'ai vu Bajnak ! La nuit, il dort à Chara-Choow dans la yourte de la vieille Dowaj !"

La discussion a été interrompue. Le président du Conseil de district m'a regardé sévèrement droit dans les yeux et m'a dit : "Camarade Dshaniwek ! Vous avez trompé le Parti une fois. Nous déterminerons plus tard si oui ou non vous avez mis intentionnellement la vie des camarades en danger. Mais nous vous donnons maintenant l'occasion de ne pas décevoir notre attente. Vous reprendrez la tête du groupe. Pour nous, cela présente aussi un avantage, car c'est en vous que Bajnak a le plus confiance. Vous saurez profiter de cet atout pour l'arrêter. Vous ne donnerez l'ordre de tirer que s'il oppose une vraie résistance."

Nous sommes arrivés à Chara-Choow juste avant l'aube. Un vent tiède soufflait dans la vallée l'odeur de l'herbe verte toute fraîche et de la chaleur des enclos. Nous avons laissé nos chevaux et le messager au milieu de la vallée, avant la courbe, puis nous nous sommes approchés à environ six coudées du campement.

La yourte et l'enclos dormaient. On ne voyait même pas un chien, dans le coin est de la paroi se dressait un épouvantail à loups. J'ai montré à mes hommes où ils devaient se poster, Buraj dans le creux du terrain devant le grand terrier de marmotte, Zeweg derrière l'épouvantail à loups, Pagwa et Daka à l'ouest derrière le rocher. Pour moi, pour le président du Conseil de district et le représentant des autorités de la province, j'ai choisi ce rocher, ici.

Nous nous sommes glissés dans la fente du rocher, là, en haut. La yourte était si près qu'en lançant une pierre on aurait pu atteindre les souris qui trottinaient. Nous nous taisions, nos fusils chargés à la main.

Je regardais les dernières étoiles qui ne jetaient plus que de faibles scintillements vers la terre, je regardais la yourte qui sommeillait paisiblement et qui ne pressentait pas que la mort cent fois la guettait, et j'imaginais comment cela pouvait bien être à l'intérieur. Je connaissais la vieille Dowaj. Il y avait plus de dix ans que son mari était mort, et depuis elle vivait là, dans cette région abandonnée, avec sa fille unique Gumaj. On disait qu'elle était un peu butée et que la fille était pareille. On traitait Gumaj de vieille fille de la montagne et du fleuve. Mais c'était une jeune femme et beaucoup de gars l'avaient courtisée, pourtant elle ne s'était intéressée à aucun d'eux.

Je pensais que Bajnak était heureux en cet instant et je désirais que la nuit dure longtemps encore. Mais le jour est vite arrivé, les bêtes se sont réveillées, elles bêlaient, beuglaient, et les oiseaux chantaient. La porte de la yourte s'est ouverte, et la fille est sortie dans les dernières lueurs jaunes du clair-obscur du matin. Elle a regardé dans toutes les directions, elle a écarté la couverture du trou à fumée et elle s'est éloignée pour ses besoins. Avant de rentrer dans la yourte, elle s'est retournée en jetant à nouveau un coup d'œil prudent alentour. Elle ne pouvait pas nous voir parce que l'ombre épaisse masquait encore la fente du rocher.

La lumière s'est faite dans la yourte, la fumée a commencé à s'échapper par le trou, et on a entendu un bruit de casseroles et de cuillers. La porte s'est à nouveau ouverte, et un homme à la haute stature est sorti. C'était Bajnak. Il a mis sa main en visière et il a scruté le chemin qui remontait la vallée. Les hommes se baissaient, me lançant un regard interrogateur. Je devais profiter de ces instants où Bajnak me tournait le dos. J'ai quitté la fente du rocher et je suis descendu sans bruit. Dix pas à peine nous séparaient.

J'étais sûr qu'il allait se rendre paisiblement et je ne voulais pas que, d'emblée, il s'effraie. C'est pour cela que je l'ai appelé sans crier : "Rends-toi, Bajnak, tu es cerné !" Bajnak a fait volte-face avec tant de violence que son bonnet en renard a glissé de sa tête. Au lieu de mettre les bras en l'air, il a porté sa main à sa poche de poitrine ! J'ai levé mon fusil d'un geste brusque et j'ai crié : "Arrête, Bajnak !" Il a rejeté en arrière sa crinière hirsute de cheveux noirs, tel un jeune étalon débordant d'une ardeur combative, puis il a empoigné son pistolet et il a tendu le bras. Que devais-je faire ? Si je lui avais laissé un tant soit peu de temps, il nous aurait tous descendus. J'ai appuyé sur la gâchette. »

Bien que je fusse préparé à cette fin, je tressaillis. Le vieux Dshaniwek s'était tu. Il neigeait à gros flocons, le ciel, tout blanc, paraissait se décomposer. Le feu s'était consumé. Seuls quelques restes de fumier à moitié carbonisés fumaient encore.

Le silence était une torture. Mais je n'avais pas le courage de me lever et d'aller encore chercher du fumier. Dshaniwek, les yeux secs, fixait les volutes de fumée.

Enfin, il se remit à parler dans un murmure : « Est-ce que tu as déjà abattu un jeune mélèze ? Est-ce que tu l'as vu s'écrouler, est-ce que tu as entendu comment tout résonne dans la forêt et comment ensuite le silence se fait ? L'écho du coup de feu a été répercuté par les rochers, il a retenti comme si plusieurs fusils de calibres différents avaient tiré. Bajnak était tombé comme un jeune mélèze. Il gisait dans son sang comme un jeune cerf rouge de l'Altaï.

La fille s'est ruée hors de la yourte, elle a poussé un cri perçant et elle s'est effondrée sans connaissance. La mère a accouru, elle s'est couchée sur le corps de sa fille tout en proférant des imprécations. Les hommes, haletants, ont entouré la victime, leur arme encore à la main ; ainsi se tient le chasseur devant le gibier sans vie, le batelier du radeau devant l'arbre sans vie.

La terre gelée était encore dure comme la pierre. Dans la yourte nous n'avons trouvé qu'une vieille bêche tordue. Nous nous en sommes servis pour creuser avec peine une tombe peu profonde dans laquelle il y avait tout juste assez de place pour le mort.

Quand nous l'y avons porté, c'est moi qui l'ai pris sous les bras ; l'odeur du sang m'a donné la nausée. J'ai appuyé sa tête contre ma poitrine, mes doigts cherchaient prise en s'agrippant à son *ton*. Nous l'avons couché dans la tombe comme il était, avec son bonnet en renard qui lui cachait le visage. Des mottes de terre gelée ont recouvert Bajnak. Après je ne sais plus ce qui s'est passé.

J'ai retrouvé mes esprits le lendemain à l'hôpital. On m'avait transporté à dos de chameau dans le feutre du toit de la yourte de la vieille Dowaj. La yourte et le troupeau de la vieille avaient été amenés dans la vallée de Chomdu. Je pensais qu'il ne me restait plus qu'à mourir. Mais je suis sorti douze jours plus tard et je me suis tout de suite rendu auprès des autorités du district.

La discussion de mon cas a repris, mais elle a été vite close. Ils ont dit que cette fois j'avais rempli ma mission consciencieusement, et ils ont regretté que les choses se soient passées ainsi. Prenant en compte ma santé affaiblie, ils m'ont proposé d'être directeur de la coopérative. J'ai refusé, mais cette fois ce n'était pas par réaction d'amour-propre, par blessure de ne plus être secrétaire du Parti. Les derniers mois avaient fait de moi un autre homme.

La mort de Bajnak avait été pour moi la secousse qu'un homme saoul doit éprouver pour se dégriser complètement. J'aurais pu rester dans les services de l'État, mais j'ai pensé : Pourquoi moi absolument ? Il y en a des plus jeunes qui ont non seulement de la volonté mais aussi de l'instruction. Je considère comme une maladie des hommes le fait qu'ils ne veuillent pas reconnaître qu'ils sont devenus vieux, fragiles et inaptes à leur travail, car ainsi ils barrent la route à des jeunes plus compétents. J'ai pensé : Non ! Maintenant, tu vas faire ce pour quoi tu es encore bon.

Cette année-là nous avons eu un vilain printemps. À la mi-mai, il est tombé une neige épaisse sur la montagne et sur la steppe, puis il y a eu une tempête de neige qui a duré des jours et des jours. La neige est restée jusqu'au milieu du mois suivant. Une épidémie s'est déclarée et des troupeaux entiers ont été détruits. Dans la fraîcheur du matin, dans les nuages, sur le visage des gens, partout on sentait quelque chose d'oppressant. L'été se faisait attendre.

J'étais resté un parfait va-nu-pieds, je n'avais même pas un cheval à moi. Ce que je possède aujourd'hui, les quelques chevaux, le harnachement, le fusil et la tente, je me les suis achetés avec l'argent que m'a rapporté mon nouveau travail. Je suis devenu éleveur de chameaux. Ça a été moi parce qu'il n'y avait pas d'autre berger pour les quelques chameaux de la coopérative nouvellement fondée. De mon nouveau travail je dirai seulement qu'il est plus difficile que le précédent.

Le 23 mai, je conduisais mes chameaux de Sar-Chöl à Borgasun. Le cheval et la tente m'avaient été donnés par la coopérative. Derrière Ala-But j'ai croisé un groupe, Zeweg et deux cadres du district. Ils étaient à la recherche de Gumaj qui avait disparu depuis quatre jours.

J'ai fait un crochet par Chara-Choow. Je voulais revenir près de mon fils. La vallée gisait, abandonnée, sous une couche de neige. Sur les minuscules plaques de vert parcimonieux et sur les touffes de rares perce-neige, des marmottes maigrichonnes filaient rejoindre leur terrier. Lorsque j'ai atteint la courbe de la vallée avec mon troupeau, cet endroit où nous avions laissé Galsan le blême et les chevaux lors de la fameuse nuit, j'ai entendu la voix d'une femme qui chantait :

*Ouvre-toi, ô mon rocher escarpé !*
*C'est à toi que je voudrais confier mon unique fils !*

Je n'ai jamais été croyant, mais en cet instant je n'étais vraiment pas rassuré. Et quand je me suis approché du campement — j'avais laissé le troupeau en arrière et je m'avançais à cheval dans l'enclos enneigé —, j'ai entendu la même voix, mais cette fois plus près :

*Viens vite, cher esprit de l'Altaï !*
*Ramène-moi mon héros à la vie !*

Je me suis arrêté et j'ai cru voir *Bugtu-Girisch* et son *Buga-Dsharin* dans la fente du rocher. Mais c'était Gumaj qui était là, recroquevillée, vêtue d'un *ton* sans ceinture, et les cheveux ébouriffés. La forme allongée devant elle, avec un *ton* et des bottes, ne pouvait être que le cadavre de Bajnak ! J'ai poussé un cri et j'ai fait un peu reculer mon cheval. Les chameaux se serraient les uns contre les autres. Près de la paroi rocheuse, j'ai mis pied à terre, j'ai fixé les rênes à une pierre et je suis allé vers la folle et le mort. La fille serrait dans ses bras le bonnet de fourrure roulé, elle le berçait et elle chantait :

*Même si aujourd'hui tu n'es pas plus haut que le pouce,*
*Demain tu seras roi, mon fils !*

Elle a tendu sa main vers moi en souriant et elle a continué à chanter :

*Il est venu, le cher esprit de l'Altaï,*
*Il va te ramener ton père d'entre les morts !*

Puis elle s'est tue et son visage s'est assombri. Elle me fixait. Elle a pris une petite pierre bleue dans le bonnet de fourrure, elle a crié : "Assassin !" et elle a bondi sur moi. J'ai senti un coup sur mon front et je me suis jeté sur elle. Nous sommes tombés dans la neige. J'étais couché sur elle, je la tenais étroitement serrée, je lui ai attaché les mains dans le dos avec ma ceinture. J'avais des bourdonnements dans les oreilles, ma plaie sanglante me brûlait le front. Pourtant je ne pouvais pas lâcher Gumaj et me faire un pansement, elle me mordait, et me griffait, et me donnait des coups de pied. Et elle me maudissait.

Je l'ai traînée jusqu'à mon cheval, j'ai essayé de la hisser sur la selle, mais elle se défendait, elle était forte. Alors j'ai noué les lanières des rênes autour de sa poitrine, je suis monté en selle, et ainsi le cheval la tirait. Il était docile. Nous avons cheminé jusqu'au coucher du soleil et puis jusqu'à minuit. Au bout d'un moment, elle s'est calmée et, là, elle s'est mise à pleurer éperdument. Quand ses jambes ne lui ont plus obéi, je l'ai prise en selle devant moi en la maintenant fermement. Elle se démenait et sanglotait sourdement. À un moment, comme elle m'avait mordu en haut du bras, elle a réussi à glisser de la selle. Alors je l'ai bâillonnée avec l'extrémité de ma ceinture. Vers minuit, j'ai rejoint les yourtes de ce côté-ci du fleuve et j'ai réveillé les gens. Ils ont nettoyé ma blessure, ils m'ont fait un pansement et ils ont donné à boire et à manger à la pauvre fille. Le lendemain de bonne heure, je suis reparti à cheval vers Chara-Choow. Gumaj restait là, on voulait l'embarquer sur un radeau et la conduire par le fleuve à l'hôpital.

Les chameaux avaient passé la nuit dans l'enclos. C'était un jour de vent, blafard ; le sol était dur. J'ai essayé de creuser la tombe plus profondément avec une pierre pointue. Je me suis mis les mains en sang. Bajnak était lourd. Comment la pauvre fille avait-elle pu le traîner sur le rocher ! Il était comme un morceau de pierre, il sentait l'herbe et le cadavre gelé. Je l'ai recouvert de terre et je suis parti.

J'ai passé le printemps et le début de l'été à Borgasun avec le troupeau. Je n'en suis revenu que deux jours avant la fête nationale. J'avais épuisé mes provisions de thé et de sel. Ma blessure avait laissé une cicatrice. Je devais avoir un aspect épouvantable, car les gens m'évitaient, et c'est ainsi que j'ai commencé à me tenir loin d'eux. Le jour de la fête nationale, j'étais à nouveau sous ma tente, mon foyer, en compagnie de mon troupeau qui ne me laissait pas le temps de m'ennuyer.

Il y a maintenant si longtemps que toi qui étais alors encore dans le sein de ta mère, tu as maintenant l'âge qu'avait mon Bajnak quand il est mort. Cela t'intéressera de savoir ce qu'est devenue Gumaj et d'apprendre comment j'ai eu ma seconde cicatrice.

On a gardé Gumaj à l'hôpital jusqu'au début de l'hiver 47, puis elle a disparu sans laisser de traces. La vieille Dowaj était déjà morte et elle avait été enterrée bien dans les règles par ses voisins.

La cicatrice, là, à gauche sur mon front, je ne l'ai eue que des années plus tard. À l'occasion d'un mariage, un jeune homme du nom de Schimej m'a saisi à la gorge et m'a frappé au visage avec une bouteille en me disant : "Pour que tu aies deux cicatrices, en souvenir de Bajnak et de Gumaj ! Peut-être que le pays touva enfantera un fils qui te fera un jour une troisième cicatrice sur le visage en souvenir de leur enfant qui n'est pas né !" On me conseillait de porter plainte contre lui, mais j'ai laissé tomber.

Eh bien ! Moi qui voulais te raconter l'histoire de Bajnak ! Voilà qu'elle est devenue l'histoire de ma vie ! Alors je veux encore te dire ceci : le troupeau ne comptait pas tout à fait 30 chameaux quand je l'ai pris et maintenant il en a plus de 600. Je suis heureux quand je vois ces bêtes d'un jaune roussâtre qui peuplent la vallée et la steppe. Et je veux que mon élevage donne encore plus de chameaux à la coopérative. Mais ce n'est pas la seule raison pour laquelle je veux vivre. Je voudrais voir aussi ce qui va se passer. Tant que ça continue. Et uniquement sous ce coin de ciel !

Le vieux Dshaniwek avait fini de parler. Il s'est levé et est allé chercher du fumier. Il continuait à neiger. Les chevaux dormaient. Nous avons fait du feu et empilé les morceaux de fumier restants en un grand tas pointu pour le prochain hôte de passage. Puis nous avons réveillé les chevaux et nous sommes montés en selle.

Au bout d'un moment, Dshaniwek s'est arrêté et a dit :

– C'est là !

C'était à une coudée au sud-ouest de l'aire de la yourte. On ne voyait plus qu'il y avait une tombe. La terre l'avait avalée.

Nous avons rebroussé chemin. J'éprouvais sans arrêt le besoin de me retourner pour regarder encore en arrière. J'avais l'impression de laisser quelqu'un derrière, quelqu'un qui pour moi était comme un frère, peut-être même plus. Le pays gisait, comme mort, pas une marmotte, pas un oiseau. Seul le feu brûlait en envoyant vers le ciel de neige une chaude fumée bleue. Cela donnait un peu de vie au campement.

Ce ne fut qu'au coucher du soleil que la neige cessa. Nous n'avons atteint le sommet que tard dans la nuit. Il faisait froid. Le matin, nous sommes arrivés devant un *owoo*. C'était l'*owoo* de Bajnak, devenu le but d'une journée pour les chasseurs. Dans sa peur de mourir, Bajnak l'avait érigé en offrande à l'esprit du lieu. Et au cours des années, les chasseurs ainsi que les bergers à la recherche d'animaux disparus avaient rajouté de nombreuses pierres. Il n'y en avait plus une seule à dénicher alentour. Nous avons dû redescendre le versant sur une bonne distance pour en trouver quelques-unes. J'ai pris deux pierres pour l'*owoo*, une était pour Bajnak.

Deux jours plus tard, nous sommes rentrés avec un riche butin de chasse. Nous étions tombés sur une bande de loups.

Peu de temps après je quittai l'Altaï. Savoir quand je reviendrai…, si je reviendrai…

# Glossaire

*Aga, agaj* : « frère », « oncle », terme utilisé pour s'adresser à un aîné.

*Aïl* (mongol) : groupement de yourtes.

*Aïmak* : circonscription administrative correspondant à une province.

*Aragy* : boisson alcoolisée faite à partir de lait fermenté.

*Buga-Dsharin, Gugtu-Girisch* : héros d'une épopée populaire touva. Quand *Buga-Dsharin* est assassiné par un vagabond, *Bugtu-Girisch* le confie à un rocher en prononçant les vers qui sont cités dans le texte, puis il part à la guerre.

*Baj* (turc) : homme riche.

*Chöne* : corde qui sert à attacher agneaux et chevreaux.

*Daaj* (touva) : parent du côté maternel.

*Darga* (mongol) : président, directeur, chef.

*Enej* : grand-mère.

*Eshej* : grand-père.

*Koulak* (turc) : riche paysan dans la Russie tsariste et éleveur aisé en Mongolie.

*Lawschak* (touva) : manteau d'été.

*Owoo* : pierres empilées en offrande à l'esprit du lieu. La coutume veut que chaque personne passant à proximité rajoute une pierre.

*Papirosa* (pluriel : *papirossy*) : cigarette dont le bout long et creux est en carton léger.

*Sumun* : circonscription administrative (plus petite que l'*aïmak*) correspondant à un district.

*Ton* : manteau d'hiver.

*Tulup* : sac de voyage en peau de chèvre.

*Ydyk* : animal consacré à une divinité.

*Yourte* : tente ronde démontable à armature extensible de bois sur laquelle sont tendues des couvertures de feutre.

# Glossaire

# Hanif Kureishi

## *Bradford*

Traduit de l'anglais par Annick Le Goyat

116 pages, 12,96 €, 1999

Une métropole industrielle sinistrée, un père remis en question, une jeunesse où l'auteur s'interroge sur sa place entre deux mondes : ces trois textes dévoilent l'univers d'un oriental élevé en terre étrangère, condensé en un œil critique, impitoyable pour les siens et les *Autres*, mais qui sait aussi relever la profonde humanité de situations tragi-comiques.
De la banlieue londonienne à Karachi, du Yorkshire au Kent, le loup est dans la bergerie…

Hanif Kureishi est né de parents anglo-pakistanais en Grande-Bretagne en 1954. Après des études de philosophie à Londres, il collabore au Royal Court Theatre, écrit deux scénarios de film pour Stephen Frears (dont *My Beautiful Laundrette*) puis entame une carrière de romancier où peut pleinement s'exprimer sa double appartenance.

*« L'écrivain anglo-pakistanais parle de lui, de son travail d'écrivain. Sa pensée coule, claire, sereine, et entraîne avec elle une écriture sensible, d'une rare douceur. »*

Martine Laval, *Télérama.*

*« L'auteur stigmatise avec une colère amusée aussi bien les fachos que les intégristes de l'Islam, les conservateurs et les travaillistes. Mais qu'on ne s'y méprenne pas : Hanif Kureishi est d'abord écrivain. Un écrivain qui adore ce qu'il fait, qui le fait d'autant mieux, et qui mérite bien qu'on l'adore un peu à notre tour. »*

Antonin Iommi-Amunategui, *Libération.*

# Aysel Özakın

## *La Langue des Montagnes*

Traduit de l'anglais par Dominique Leroy-Berger

144 pages, 15,24 €, 2000

Coup de foudre aérien dans les années 70 entre une jeune femme turque et un homme originaire du Kosovo. La première ne s'en revient pas moins seule à Istanbul, qu'elle quitte bientôt pour enseigner l'anglais dans un village reculé puis, suite à diverses tribulations, séjourner brièvement dans un hôpital psychiatrique. Après ses retrouvailles, le couple s'installe dans le village natal du fiancé. Les préparatifs de mariage vont bon train, mais les convictions féministes du personnage principal, tout comme ses idéaux communistes, s'accordent de plus en plus difficilement avec les coutumes locales…

Le portrait largement autobiographique, exécuté à petites touches délicates, d'une femme confrontée aux événements politiques de son temps (le climat tendu de la Turquie des années 70, l'expérience autogestionnaire yougoslave, les premiers frémissements du problème kosovar…) et aux pesanteurs des sociétés balkaniques.

Née en 1942 à Urfa (Sud-est de la Turquie), Aysel Özakın grandit à Ankara où elle suit des études de littérature française puis se consacre quelques années à l'enseignement.
Après des débuts très prometteurs en Turquie, elle part vivre en Allemagne en 1980 puis en Angleterre au début des années 1990. Elle réside désormais à Brighton

# Zafer Şenocak
## *Parenté dangereuse*

Traduit de l'allemand par Colette Strauss-Hiva
160 pages, 16,77 €, 2000

Intrigue nouée autour d'un mystère, parodie de contes populaires ou *Bildungsroman*, ce récit fait le portrait déconstruit d'un nouveau type humain : l'inquiet multiculturel. Le narrateur, tout d'abord curieux du destin d'un grand-père turc décédé à Berlin au cours des années vingt, s'enfonce dans les strates successives de l'Histoire. D'un génocide à l'autre il ne peut que s'interroger : « L'oubli serait-il un crime plus grave que l'acte ? » En arrière-plan se découvre un questionnement radical de la nation allemande, des rapports turco-allemands et de la possibilité de l'autobiographie.
Bienvenue au pays des hybrides.

Zafer Şenocak, né en 1961 à Ankara, vit en Allemagne depuis 1970. Après des études de lettres et de philosophie, il s'installe en 1990 à Berlin. Il enseigne dans plusieurs universités américaines depuis 1996 et un choix de ses essais paraît cet été chez Chicago University Press.
Poète et prosateur, chroniqueur à la radio berlinoise, il a précédemment fait paraître en français *La Mer verticale* (L'Esprit des péninsules, 1999).

Achevé d'imprimer
sur les presses de
l'Imprimerie France Quercy
113, rue André Breton,
46001 CAHORS
d'après montages et gravure
numériques
(Computer To Plate)
Dépôt légal : septembre 2000
Numéro d'impression : 30876